교과서를 통째로 삼킨

과학 개념
연구소

❷ 에너지·지구

글쓴이 **이정아**

프랑스 파리 소르본대학교(제6대학교)에서 생명 과학을 전공하고, 카이스트(KAIST)에서 과학 저널리즘으로 석사 학위를 받았습니다. 2008년 동아사이언스에 입사해 《과학동아》《어린이 과학동아》 기자로 일했습니다. 현재는 의학 기자로 일하고 있습니다. 어린이들에게 과학을 가장 재미있게 전하고 싶은 바람으로 이 책을 썼습니다. 「노벨상을 꿈꿔라」 시리즈를 같이 썼고, 『올빼미일까 부엉이일까?』, 「우리아이 첫 지식 과학백과」 시리즈 등을 번역했습니다.

그린이 **나인완**

귀여운 캐릭터를 기반으로 일러스트를 그리고 애니메이션을 만듭니다. 『꿀꿀돼지 호로로』, 『빵선비와 팥쇠』, 「마구로센세의 일본어」 시리즈, 「마구로센세가 갑니다」 시리즈를 쓰고 그렸고, 『초등과학Q 6 유전과 혈액』, 『일본은 얄밉지만 돈카츠는 맛있어』, 「아빠, 한국사 여행 떠나요!」 시리즈 등에 그림을 그렸습니다.

감수한 이 **노석구**

서울대학교 화학교육과를 졸업하고, 같은 대학교 대학원에서 석사, 박사 학위를 받았습니다. 한국교육개발원 연구원을 거쳐 현재는 경인교육대학교에서 과학교육을 가르치고 있습니다. 『초등과학 교수 학습 지도안 작성을 위한 수업컨설팅』, 『놀이를 활용한 신나는 교실 수업』 등 다양한 과학 교과서와 지도서를 썼습니다.

여러분, 안녕하세요! 과학 개념 연구소에 또 오셨네요, 반가워요.
「1권 물질·생명」으로 만난 우리 연구소는 어땠나요?
멍미, 머냥이와 함께한 과학 개념 탐험이 너무너무 신나지 않았나요?
이번에도 기대해요! 열기구를 타고 하늘에 오르거나,
몸이 사라지는 마술 쇼의 주인공이 되거나,
지구 밖으로 나가 달 탐사를 하게 될 거예요.
자, 그럼 수석 연구원인 멍미, 머냥이랑 같이 떠나 볼까요?

멍미
주변의 일들을 과학적으로 줄줄 설명하는 게 습관인 멍멍이죠!

「과학 개념 연구소」 똑똑 탐험 가이드!

❶ 호기심 질문
으앗, 궁금해! 멍미와 머냥이의 탐험은 생활 속 호기심에서 출발해요. 궁금하면 ❷로!

탐험 안내도

태양이나 전구에서 오는 빛…

움직이는 것이 가진 운동…

전류가 흐를 때 생기는 전…

에너지 - 높은 곳에서 떨어질수록 왜 훨씬 아플까?

물체가 떨어지기 시작하는 높이가 높을수록 에너지가 크기 때문이에요. 이처럼 특정한 위치에서 물체가 갖는 에너지를 '위치 에너지'라고 말해요. 땅에 있는 물체보다 산꼭대기에 있는 물체의 위치 에너지가 훨씬 크지요. 위치 에너지가 큰 물체일수록 아래로 떨어졌을 때 충격이 훨씬 큽니다.

에너지는 다양한 일을 할 수 있…켜지려면 다 에너지가 있어야 하…자원에서 얻을 수 있어요. 에너…

똥으로도 에너지…
영국에는 똥을 먹고 달리…이 버스는 똥에서 나오는…분해하면서 메탄가스가 나…메탄가스는 어른 다섯 명…

❷ 호기심 해결
멍미와 머냥이의 탐험기가 펼쳐져요. 실험, 카툰 등 다채롭고 재미난 형식으로 호기심을 해결해 줘요! 이 호기심과 연결된 과학 개념을 알고 싶다면? ❸으로!

❸ 개념 정리
호기심 질문과 연결된 과학 개념을 쉬운 말로 간단하고 정확하게 풀어 줘요. 더 자세히 알고 싶다면? ❹로!

과학 교과서와 함께 읽기

과학 교과서와 함께 읽고 싶다면 124쪽의 **교과 연계표**를 참고해요! 초등 전 학년 과학 교과서의 모든 단원과 연계되어 있답니다.

물체의 온도와 관련된 **열에너지**

❹ 개념 깊숙이 알기
멍미와 머냥이가 나서서 개념을 더 자세하고 깊게 이해하도록 도와줘요.

물체의 위치와 관련된 **위치 에너지**

과학 용어 찾아보기

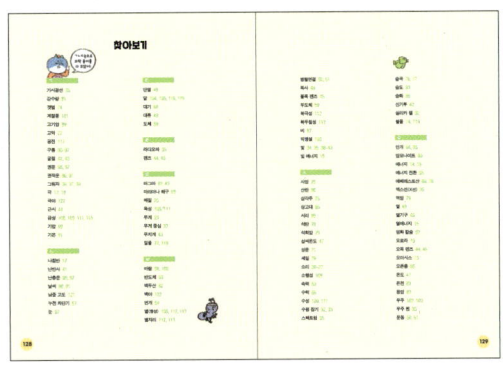

가나다순으로 **과학 용어**들을 정리했어요. 모르는 용어가 나왔을 때 128쪽을 펼쳐 찾아보면 좋아요.

❺ 더 읽을거리
여기 과학 개념과 연관된 재미난 과학 상식들을 이야기해 줘요.

차례

들어가는 말   4

「과학 개념 연구소」 똑똑 탐험 가이드   6

1장 에너지

에너지	높은 곳에서 떨어질수록 왜 훨씬 아플까?	14
자석	신용 카드 뒷면의 검은 띠가 자석이라고?	16
자기력과 자기장	재미도 있고 환경도 돕는 고철 낚시?	18
소리	물속에서는 왜 바깥의 소리가 잘 안 들리지?	20
소리의 세기	윗집에서 뛰는 소리는 왜 크게 들릴까?	22
소리의 높낮이	첼로는 바이올린과 닮았는데 왜 다른 소리가 날까?	24
소리의 반사	목욕탕에서 노래하면 가수 못지않다고?	26
무게	엘리베이터에서 뛰면 왜 위험하지?	28
중력	우주에서는 볼펜을 쓸 수 없었다고?	30

수평 잡기	스케이트 선수들은 왜 커브를 돌 때 몸을 한쪽으로 기울일까?	32
빛	우리는 물건을 본 게 아니라 물건을 비춘 빛을 본 것이다?	34
그림자	색깔 있는 그림자가 있다고?	36
빛의 직진	레이저 검이 말도 안 된다고?	38
빛의 반사	마술사가 몸을 사라지게 했어! 어떻게 된 거지?	40
빛의 굴절	사막의 신기루는 빛이 부린 마술?	42
렌즈	안경을 쓰면 어떻게 안 보이던 게 보일까?	44
온도	이마 앞에 잠깐 댔다 떼는 체온계, 원리가 뭘까?	46
열의 이동	열기구는 어떻게 하늘에 뜨지?	48
물체의 운동	플립 북 속 캐릭터가 움직인 것도 '운동'이라고?	50
속력	달리기 선수와 수영 선수 중 누가 더 빠를까?	52

전기	왜 번개는 지그재그로 떨어질까?	54
전류	요즘 전봇대가 잘 안 보이는데 전기를 어떻게 받지?	56
도체와 부도체	번개 쳤을 때 자동차 안이 왜 안전하지?	58
직렬연결과 병렬연결	리모컨 건전지를 하나만 넣어도 작동할까?	60
전자석	하늘을 나는 스케이트보드가 진짜 있을까?	62
에너지 전환	전기를 만드는 자전거가 있다?	64

2장 지구

지구	우리는 왜 지구에서 살까?	68
흙	꽃밭의 흙은 왜 진흙처럼 찰싹 붙지 않지?	70
침식 작용	동해안에 백사장이 사라지고 있다고?	72
퇴적 작용	갯벌은 왜 유달리 서해안에 많을까?	74
지층	에베레스트산의 키가 점점 커진다고?	76
퇴적암	석탄이 죽은 식물?	78
화석	산꼭대기에서 어떻게 조개 화석이 나오지?	80
화산	백두산이 폭발하면 어떻게 될까?	82
화성암	제주도의 돌들은 왜 스펀지처럼 생겼지?	84
지진	지진을 미리 알 수는 없을까?	86
물의 순환	진짜로 비를 만들 수 있을까?	88
날씨	일기 예보는 왜 틀릴까?	90
습도	습기 제거제는 어떻게 그렇게 물을 먹지?	92
이슬과 안개	해가 뜨면 안개가 사라진다?	94

구름과 눈과 비	구름 색깔이 왜 다 다를까?	96
고기압과 저기압	기분이 좋지 않은 사람에게 왜 '저기압'이라고 할까?	98
해풍과 육풍	바람 이름이 여러가지던데, 어떻게 지은 거지?	100
우주	우주가 풍선처럼 커진다고?	102
달	달에서 본 지구는 어떤 모습일까?	104
태양	태양에 원자 폭탄을 던지면 어떻게 될까?	106
태양계	태양계에는 별이 몇 개 있을까?	108
행성	행성들은 왜 서로 부딪히지 않을까?	110
별과 별자리	북두칠성은 원래 국자 모양으로 짠 태어났을까?	112
지구의 자전	스스로 도는 지구, 만약 멈춘다면?	114
지구의 공전	해 뜨는 위치가 매일 달라진다고?	116
달의 운동	달을 알면 나도 추리왕!	118
태양 고도	왜 남향집이 좋다고 할까?	120
계절의 변화	왜 어떤 곳은 계절이 계속 똑같지?	122
교과 연계표		124
찾아보기		128

1장
에너지

빛, 열, 운동, 위치, 전기 등으로 우리 주변에
늘 작용하는 다양한 에너지를 만나 봐요.

에너지 | 높은 곳에서 떨어질수록 왜 훨씬 아플까?

물체가 떨어지기 시작하는 높이가 높을수록 에너지가 크기 때문이에요. 이처럼 특정한 위치에서 물체가 갖는 에너지를 '위치 에너지'라고 말해요. 땅에 있는 물체보다 산꼭대기에 있는 물체의 위치 에너지가 훨씬 크지요. 위치 에너지가 큰 물체일수록 아래로 떨어졌을 때 충격이 훨씬 크답니다.

머냥아, 아까 사다리 아래서 비치 볼을 떨어뜨렸을 때랑 비교해 봐! 위치 에너지가 더 커졌으니까 충격이 더 크겠지?

위치 에너지

헉!

에너지는 다양한 일을 할 수 있는 힘이에요. 생물이 살아가고, 자동차가 달리고, 휴대폰이 켜지려면 다 에너지가 있어야 하죠. 에너지는 태양이나 바람, 물, 석탄, 석유, 천연가스 등의 자원에서 얻을 수 있어요. 에너지는 형태가 다양하답니다.

다양한 에너지의 형태

태양이나 전구에서 오는 **빛 에너지**

물체의 온도와 관련된 **열에너지**

움직이는 것이 가진 **운동 에너지**

물체의 위치와 관련된 **위치 에너지**

전류가 흐를 때 생기는 **전기 에너지**

 똥으로도 에너지를 만들 수 있다?

영국에는 똥을 먹고 달리는 친환경 버스가 있어요. '푸(poo) 버스'라고 불리지요. 이 버스는 똥에서 나오는 메탄가스를 연료로 해요. 똥을 오랫동안 삭히면 미생물이 분해하면서 메탄가스가 나오거든요. 푸 버스가 약 300킬로미터를 달리는 데 필요한 메탄가스는 어른 다섯 명이 1년 동안 싼 똥으로 얻을 수 있대요.

자석 | 신용 카드 뒷면의 검은 띠가 자석이라고?

네! '마그네틱 선'이라고 불리는 이 검은 띠에는 아주 작은 자석 가루가 발라져 있어요. 여기에 카드의 모든 정보가 저장되어 있답니다. 자석 가루를 일정한 규칙에 따라 늘어놓는 방법으로 정보를 기록하는 거예요. 신용 카드뿐만 아니라, 통장, 지하철 승차권 등에서도 이런 띠를 발견할 수 있어요. 여기에 자석을 갖다 대면 정보가 사라져 쓸 수 없으니 조심해요!

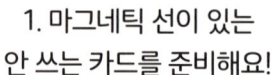

실험! 신용 카드에 숨어 있는 자석 찾기

준비물: 안 쓰는 신용 카드, 철 가루, 셀로판테이프, 종이

1. 마그네틱 선이 있는 안 쓰는 카드를 준비해요!

2. 카드의 마그네틱 선에 철 가루를 뿌려요! 마그네틱 선을 다 덮을 정도로 수북하게요.

3. 신용 카드를 탁탁 털어 봐요. 마그네틱 선에 철 가루가 바코드 모양으로 배열돼 있을 거예요. 철 가루가 자석에 붙어서죠!

4. 더 자세히 보고 싶다면? 셀로판테이프를 마그네틱 선에 붙인 다음 떼 내어 종이에 옮겨 붙여 봐요!

자석은 철을 끌어당기는 검은색 광물이에요. 우리가 주로 볼 수 있는 자석은 길쭉한 막대자석, U 자처럼 생긴 말굽자석, 동전처럼 생긴 원형 자석 등이 있어요. 모든 자석의 양쪽 끝에는 철이 두드러지게 많이 붙는 '극'이 있어요. 북쪽을 가리키는 자석의 극을 N극, 남쪽을 가리키는 자석의 극을 S극이라고 한답니다.

자석의 성질

철로 된 물체를 끌어당겨요!

같은 극끼리는 밀어내고 다른 극끼리는 끌어당겨요!

몇 번이나 해 봤는데 계속 똑같은 방향만 가리키네?

일정한 방향을 가리켜요!

어, N극이 가리키는 곳이 북쪽이야. 이런 자석의 성질을 이용해 만든 게 방향을 찾게 해 주는 나침반이지.

철새가 방향을 잘 찾는 비결도 자석?

철새는 수천 킬로미터 멀리 떠났다가도 계절이 바뀌면 다시 돌아와요. 그 비결은 머릿속에 자석이 들어 있기 때문이에요. 머리뼈와 뇌 사이에 아주 작은 자석 조직이 들어 있어서 지구의 북쪽과 남쪽을 느낄 수 있거든요.

자기력과 자기장

재미도 있고 환경도 돕는 고철 낚시?

프랑스 파리에 있는 센강에서는 특별한 낚시가 인기를 끈다고 해요. 물고기를 낚는 게 아니라, 녹슨 자전거나 금속으로 된 골동품을 낚는다지요. 어떤 물건이 나올까 두근두근하는 재미가 있고, 덤으로 쓰레기들을 거두어 올리는 환경 운동이 되기도 한다네요. 이 낚시꾼들은 낚싯대에 낚싯줄 대신 튼튼한 와이어를 매고, 지렁이 같은 미끼 대신 자석을 달아서 강물에 던져요. 그러면 자석의 힘에 이끌려 고철들이 붙어 올라온답니다.

자기력은 자석에서 나오는 힘이에요. 자석 주위에 자기력이 미치는 공간을 **자기장**이라고 하고요. 자석이 철 가루를 끌어당기는 건 철 가루가 자기장 안에 있기 때문이에요. 자석에 가까워질수록 자기력이 강하고, 자석에서 멀어질수록 자기력은 약해지다가 결국 사라진답니다.

자석 주위에 작용하는 힘

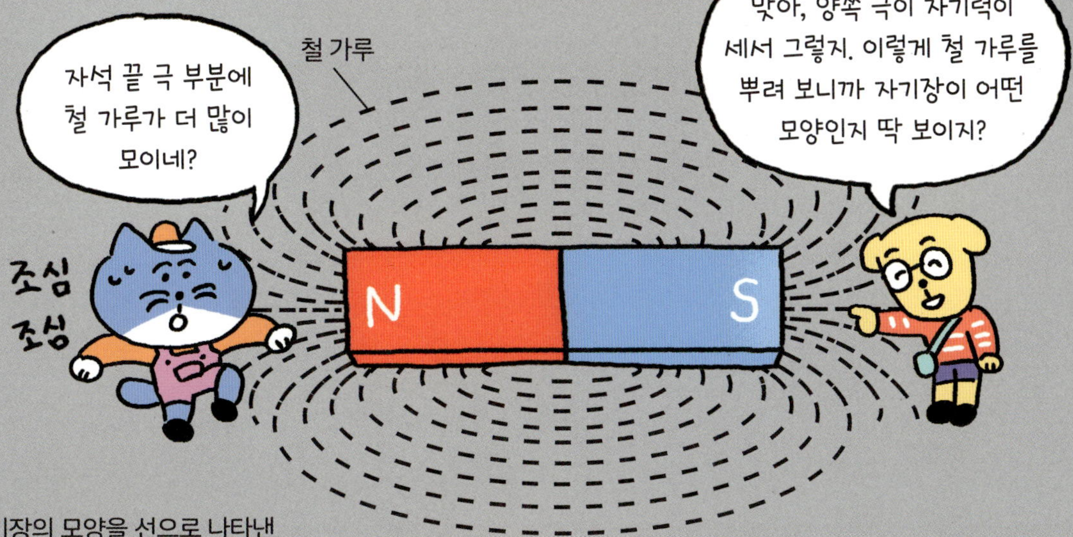

자석 끝 극 부분에 철 가루가 더 많이 모이네?

맞아, 양쪽 극이 자기력이 세서 그렇지. 이렇게 철 가루를 뿌려 보니까 자기장이 어떤 모양인지 딱 보이지?

철 가루

자기장의 모양을 선으로 나타낸 **자기력선**이에요. 자기력선이 어디서 나와서 어디로 들어가는지를 보면 자기장의 방향을 알 수 있어요.

자기장의 방향

N극에서 나와서 S극으로 들어간다!

지구에도 자기장이 있다?
지구는 자석의 성질을 띠어서 자기장이 있어요. 지구의 자기장은 지구의 방패라고 할 수 있답니다. 우주에서 쏟아지는 방사선 같은 에너지를 막아 주거든요. 특히 태양의 에너지와 지구의 공기가 충돌해서 생긴 것이 바로 '오로라'예요.

소리

물속에서는 왜 바깥의 소리가 잘 안 들리지?

공기 중에서 전달되던 소리가 물과 만나면 일부 흡수되기 때문이에요. 만약 물속에서 소리가 난다면 어떻게 될까요? 같은 소리라도 물 밖에서보다 훨씬 크게 들린답니다. 물이 공기보다 소리를 훨씬 잘 전달하기 때문이에요. 이렇게 소리를 전달하는 것을 '매질'이라고 해요. 소리는 벽이나 책상처럼 고체를 매질 삼아 전달되기도 하지요.

매질에 따른 소리의 전달 능력

고체 > 액체 > 기체

그렇다면 우주에서는 소리가 어떻게 들릴까요?
우주에는 매질인 공기가 없기 때문에 소리가 들리지 않는답니다.

우리는 대부분 기체인 공기를 통해 소리를 전달받아요!

소리는 물체가 떨릴 때 나는 진동이에요. 소리가 나고 있는 기타의 줄에 손가락을 대어 보면 부르르 진동이 강하게 느껴져요. 기타 줄을 튕기지 않았을 때는 진동이 없고 아무 소리도 나지 않지요. 사람의 목소리도 마찬가지예요. 목 안에 있는 성대가 진동하면서 소리가 나지요.

 사람 목소리에도 지문이 있다?

사람은 누구나 자신만의 고유한 목소리를 갖고 있어요. 그래서 목소리를 컴퓨터로 분석해 보면 마치 지문처럼 특이한 모양의 '성문'이 나타나지요. 전문가들은 성문을 보고 목소리를 분석해서 어떤 사건의 유력한 용의자를 찾기도 한답니다.

소리의 세기

윗집에서 뛰는 소리는 왜 크게 들릴까?

윗집 바닥에서부터 우리 집 천장, 윗집의 벽, 우리 집 벽, 배수관 등을 타고 소리가 퍼지기 때문이에요. 이렇게 소리가 고체를 타고 전해지기 때문에 공기를 타고 전해지는 것보다 더욱 민감하게 느껴지지요. 앞쪽에서 말했듯이, 매질이 고체일 때 소리를 더 잘 전달하거든요. 그래서 윗집에서는 작은 발소리라도 우리 집에서는 큰 소음으로 들릴 수 있답니다.

'귀청 떨어지겠다'는 말은 무슨 뜻?

너무 큰 소리에 고막이 터져 버리겠다는 뜻이에요. '귀청'은 귓속에 들어 있는 작은 북 모양의 기관인 '고막'을 말해요. 고막은 공기의 진동을 귓속뼈와 달팽이관까지 전달해서 소리를 들을 수 있게 하지요. '귀청 떨어지겠다'는 말처럼 정말로 너무 큰 소리를 들으면 고막이 찢어질 위험이 있답니다.

소리의 세기는 소리의 크고 작은 정도를 말해요. 북을 세게 치면 천둥처럼 큰 소리가 나지만, 살살 두드리면 작은 소리가 나죠? 이렇게 물체를 얼마나 센 힘으로 진동시켰느냐에 따라 소리의 세기가 달라진답니다. 몸무게를 킬로그램(kg), 키를 센티미터(cm)로 나타내듯이 소리의 세기는 데시벨(dB)로 나타낼 수 있어요.

소리의 세기 비교

물체의 진동이 클수록 큰 소리가 나요!

우리 생활 속 소리의 세기

시계 초침이 움직이는 소리는 약 **20dB**

작게 속삭이는 목소리는 약 **30dB**

일상에서 대화하는 말소리는 약 **60dB**

자동차가 빵빵거리는 소리는 약 **110dB**

비행기의 요란한 소리는 **120dB**

소리의 높낮이

첼로는 바이올린과 닮았는데 왜 다른 소리가 날까?

악기의 크기가 다르고 줄의 굵기와 길이가 다르기 때문이에요. 바이올린은 첼로에 비해 크기가 작고 줄이 얇아서 더 높은 소리를 내지요. 소리를 내는 물체가 작고 얇을수록 더욱 빠르게 진동하고, 진동이 빠를수록 높은 소리가 나거든요.

소리의 높낮이는 소리의 높고 낮은 정도를 말하죠. 높은 소리인지 낮은 소리인지는 물체가 얼마나 많이 진동했느냐에 달려 있어요. 빠르게 진동하면 높은 소리를 내고 느리게 진동하면 낮은 소리를 내지요. 과학자들은 1초 동안 진동한 횟수를 '진동수'라고 부르며, 진동수를 헤르츠(Hz)라는 단위로 표현해요. 낮은 도보다 한 옥타브 높은 도는 진동수가 2배나 크답니다.

소리의 높낮이 비교

실로폰 음판의 길이가 저마다 다른 게 다 이유가 있었구나.

난 높은 소리가 좋아. 파르르 빠르게 진동한다니, 그것도 마음에 들어!

음판이 길다. → 진동 횟수 적음 → 낮은 소리

물체가 진동하는 횟수가 많을수록 높은 소리가 나요!

음판이 짧다. → 진동 횟수 많음 → 높은 소리

 여성의 목소리가 남성보다 높은 이유

여성의 성대가 남성보다 짧고 얇기 때문이에요. 즉, 여성 목소리가 남성 목소리보다 진동수가 크지요. 대개 남성 목소리는 100~150헤르츠, 여성 목소리는 200~250헤르츠가 나온답니다.

목욕탕에서 노래하면 가수 못지않다고?

이만하면 가수를 해도 되겠다 싶죠? 그런데 다 착각일 수 있다는 거! 노래방에서 에코를 넣듯이, 목욕탕에서는 자동으로 에코(메아리)가 생겨요. 소리가 타일 벽에 부딪혀 여러 방향으로 반사되면서 울리기 때문이에요. 이렇게 소리가 공간을 울려 풍성해지면서 마치 노래를 잘 부르는 것처럼 느껴진답니다.

나 음치 아닌가 봐! 완전 노래 잘하지 않아?

정말 그럴까? 목욕탕의 타일이 워낙 딱딱해서 소리를 잘 반사하니까 좋게 들릴 수도…….

찌릿!

허허허

소리의 반사는 소리가 벽이나 천장 등 장애물에 부딪혀 다른 방향으로 되돌아오는 거예요. 소리는 벽처럼 딱딱한 물체를 만나면 잘 반사되지만, 스티로폼처럼 부드러운 물체를 만나면 잘 반사되지 않아요.

생활에서 발견하는 소리의 반사!

콘서트홀
소리가 잘 울려 골고루 전달될 수 있도록 일부러 천장이나 벽에 음향 반사판을 설치하기도 해요.

소리의 반사를 이용해 더 멋지고 풍성한 소리를 들을 수 있어!

도로
소음이 빠져나가지 못하도록 방음벽을 설치해 소리를 반사시켜요.

그리고 소음을 막을 수도 있지!

🐶 소리로 거리를 잴 수 있다
초음파를 이용하면 거리를 잴 수 있어요. 초음파는 사람의 귀가 들을 수 있는 소리보다 진동수가 큰 음파를 뜻해요. 소리가 장애물에 부딪혀 다시 돌아오는 시간을 재면 속도를 이용해 거리를 계산할 수 있지요. 이렇게 바다 곳곳에서 바닥까지의 거리를 재서 바닷속 지형이 어떻게 생겼는지 알 수 있답니다.

 **무게**

엘리베이터에서 뛰면 왜 위험하지?

"삐! 정원이 초과되었습니다!" 엘리베이터에서 한 번쯤 들어 봤을 거예요. 이렇게 엘리베이터는 그 안에 탄 사람들의 무게를 알아챈답니다. 정해진 무게보다 무거우면 멈추도록 안전장치가 되어 있지요. 그런데 여기서 마구 뛰면 무게가 커졌다 작아졌다 해요. 우리가 저울에서 뛰면 몸무게가 왔다 갔다 하는 것처럼요. 엘리베이터를 매단 줄에 무리가 가게 되어 무척 위험해지고요. 그러니까 엘리베이터에서는 뛰지 말아야겠죠?

무게는 장소에 따라 값이 달라질 수 있어요! 장소가 달라져도 값이 똑같은 건 **질량**이에요.

헉, 달에서 내 몸무게는 지구에서의 6분의 1이야!

무게 5kg중

지구를 벗어나도 내 몸무게가 똑같으려나?

무게 30kg중

지구가 물체를 끌어당기는 힘이 달이 물체를 끌어당기는 힘보다 6배가 더 세서 무게가 많이 나가는 것뿐이지. 무게는 지구가 끌어당기는 힘이거든!

무게는 지구가 물체를 끌어당기는 힘의 크기를 말해요. 예를 들면, 무게가 많이 나가는 코끼리는 무게가 적게 나가는 쥐에 비해 지구가 끌어당기는 힘이 엄청 큰 거예요. 흔히 그램(g)이나 킬로그램(kg)이라는 단위를 사용해 표현하죠. 그런데 이건 질량의 단위예요. 원래 무게의 단위는 그램중(g중), 킬로그램중(kg중)을 써야 맞지요. 편하게 부르려고 '중' 자를 생략해 부르는 거예요.

 공기도 무게가 있다

새털보다 가벼운 공기도 무게가 있어요. 불지 않은 풍선을 전자저울에 놓고 무게를 잰 다음, 입으로 빵빵하게 불어서 다시 무게를 재 보세요. 아주 미세하지만 공기도 무게를 가지고 있다는 것을 확인할 수 있답니다.

중력 — 우주에서는 볼펜을 쓸 수 없었다고?

1960년대에 우주로 간 우주 비행사들은 메모를 하려다가 깜짝 놀랐어요. 볼펜이 나오지 않아서 아무것도 쓸 수 없었거든요. 그때의 볼펜은 잉크가 끝 쪽으로 내려와서 자그마한 구슬을 적셔야 쓸 수 있었어요. 지구에서는 중력 때문에 자연스럽게 잉크가 내려오는데, 우주에는 중력이 없으니 잉크가 가만히 있었던 거죠. 그래서 1965년에 우주에서도 쓸 수 있는 특수한 펜이 개발되었어요. 이 펜은 우주 펜(Space pen)이라고 불려요.

> 이게 우주 펜? 멍미 너, 이거 어디서 갖고 왔어? 우주에서?

> 지금은 우주 펜을 우리도 쉽게 구할 수 있어. 게다가 요즘 나오는 펜은 중력과는 상관없이 쓸 수 있지. 지금은 펜 만드는 기술이 많이 발전했으니까.

중력은 지구가 지구의 중심 방향으로 물체를 끌어당기는 힘이에요. 지구뿐 아니라 화성이나 금성, 태양과 달 등 모든 천체는 각자 중력을 갖고 있지요. 하지만 우주 공간에는 중력이 거의 없어요. 그래서 우주 공간으로 나간 우주 비행사들은 둥둥 떠다닌답니다.

이게 다 중력 때문이다!

지구 어디에서 물체를 던져도 아래로만 떨어져요. 지구가 물체를 지구 중심 방향으로 잡아당기기 때문이죠.

물건을 들 때 힘이 들어요. 지구가 끌어당기는 힘과 반대 방향으로 물건을 들기 때문이에요.

무거운 물건을 들 때 더 힘이 들죠. 지구가 무거운 물건을 더 세게 잡아당기거든요.

 어느 날 갑자기 중력이 사라지면?

모든 사람과 물건이 둥둥 떠다니게 되겠지요. 또한 건강에 안 좋은 영향이 미칠 거예요. 더는 중력을 버틸 필요가 없어져서 뼈와 근육이 점점 약해지고, 위와 장 속의 음식물이 잘 내려가지 않아 소화 불량이 생길 수도 있지요.

수평 잡기

스케이트 선수들은 왜 커브를 돌 때 몸을 한쪽으로 기울일까?

쇼트 트랙 경기를 보면 모든 선수들이 코너를 돌 때 안쪽으로 몸을 기울이죠? 그건 다 '수평 잡기'를 위해서랍니다. 원을 빠르게 돌 때는 원 중심에서 멀어지려는 힘, '원심력'이 생기는데요. 이 힘 때문에 넘어지거나, 몸이 바깥으로 미끄러지지 않도록 반대 방향인 안쪽으로 몸을 기울이는 거예요.

원심력을 이기려면 반대 방향으로 몸을 기울여야 해!

수평 잡기는 사람이나 물체가 어느 한쪽으로 기울어지지 않고 평형을 이루고 있는 상태를 유지하는 것이에요. 물체가 어느 한쪽으로 기울어지지 않게 하려면 '무게 중심'을 생각해야 하지요. 무게 중심은 시소의 받침점처럼 물체가 쓰러지지 않게 하는 중심점을 말해요.

무게가 같을 때 수평 잡기

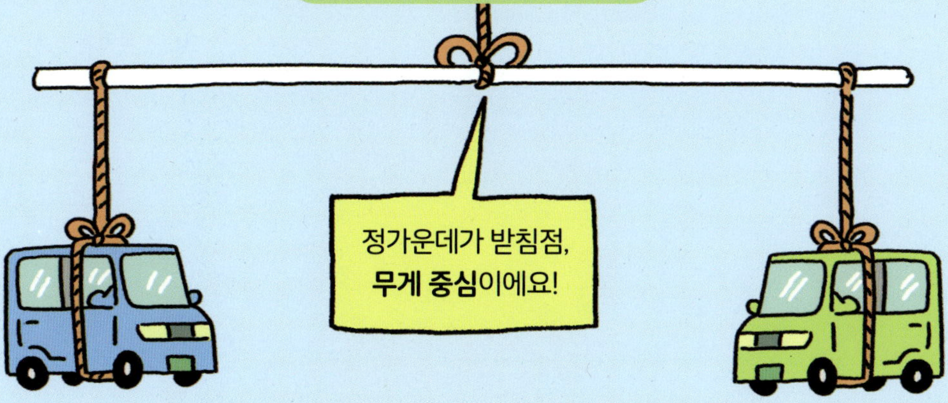

정가운데가 받침점, **무게 중심**이에요!

무게가 다를 때 수평 잡기

가벼운 것을 가운데로 움직였더니 더 기울었어!

무거운 것을 받침점 가까이로 가져가야 수평이 돼.

 사람마다 걸음걸이가 다른 건 수평 잡기 방법이 다 달라서!

우리 몸은 넘어지지 않고 잘 걷기 위해 계속 수평 잡기를 하고 있어요. 팔을 흔들며 걷는 것도 수평 잡기를 위해서고, 눈에 보이지는 않지만 목, 어깨, 허리 등의 모든 관절을 움직이는 것도 수평을 잡기 위한 방법이랍니다. 사람은 저마다 체형이 다르죠? 그러니까 수평을 잡는 방법도 다 달라요. 그게 걸음걸이가 다른 이유예요!

빛 | 우리는 물건을 본 게 아니라, 물건을 비춘 빛을 본 것이다?

태양이나 전등처럼 스스로 빛을 내는 것들 때문에 우리는 주변의 물건들을 볼 수 있어요. 만약 빛이 없다면 우리는 아무것도 볼 수가 없지요. 집, 학교, 책, 모두 스스로 빛을 내지 못하거든요. 우리가 이것들을 볼 수 있는 건, 물건들에 빛을 비추면 그 빛이 반사되어서 우리 눈에 들어오기 때문이에요.

전등 빛이 직접 눈에 들어와요.

전등 빛이 책에 반사된 뒤 눈에 들어와서 멍미가 책을 읽을 수 있는 거예요.

빛은 우리 눈을 자극해서 물체를 볼 수 있게 해 주는 거예요. 이뿐만 아니라 우리를 따뜻하게 하고, 식물이 양분을 만들 수 있게 해요. 또한 빛으로 전기를 만들 수도 있지요.

빛의 스펙트럼

눈에 보이는 빛도 있지만 눈에 안 보이는 빛도 있어. 빛을 분해하면 이렇게 띠를 이루지. 이걸 '스펙트럼'이라고 불러.

칫솔이나 주방용품을 살균 소독하는 **자외선**

어두운 곳에서도 사람과 동물을 쉽게 찾아내는 **적외선**

| 감마선 | X선 | 자외선 | 적외선 | 초단파 | 라디오파 |

가시 광선

사람의 몸속을 들여다보는 **엑스선(X선)**

우리 눈에 보이는 빛, **가시광선**.
빛을 프리즘에 통과시키면 무지갯빛 색깔 띠를 볼 수 있어요.

방송국에서 사용하는 **라디오파**

 소리보다 훨씬 빠른 빛!

천둥과 번개 중에 무엇이 더 먼저 나타나는지 생각해 보세요. 항상 번개가 친 다음 천둥이 울리지요. 이처럼 빛이 소리보다 훨씬 빨라요. 빛은 1초에 약 30만 킬로미터를 이동하고, 소리는 1초에 약 340미터를 이동한답니다.

그림자

색깔 있는 그림자가 있다고?

그림자가 꼭 검은색인 것만은 아니에요. 오색 빛깔 그림자도 있답니다. 불투명한 물체에 빛을 비추면 그림자가 검은색이지만, 셀로판지처럼 빛의 일부만 통과시키는 투명한 물체에 빛을 비추면 색깔 있는 그림자를 만날 수 있어요!

색깔 그림자 만들기 놀이!

준비물: 검은 색지, 셀로판지, 셀로판테이프, 가위, 칼

1. 만들어 보고 싶은 그림자 모양을 검은 색지에 그려서 오려요.

2. 색깔 그림자로 보고 싶은 부분을 뚫어 주어요. 칼을 쓸 땐 조심해요!

3. 뚫린 부분에 원하는 색깔의 셀로판지를 셀로판테이프로 붙여요.

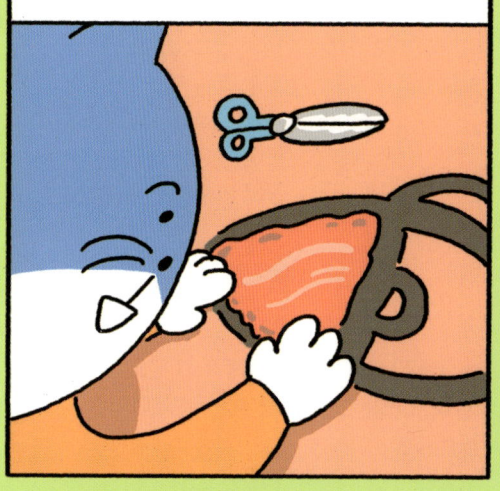

4. 완성한 것에 빛을 비춰 보아요.

그림자는 빛이 물체에 막혀서 물체의 뒤쪽에 나타나는 어두운 부분이에요. 그림자의 모양은 그 물체의 모양과 닮았지요. 그림자의 길이와 방향은 빛이 어느 위치에 있느냐에 따라 달라져요. 또 빛이 물체와 얼마나 가까운지에 따라 그림자의 크기가 달라지지요.

그림자의 모양과 변화

빛이 높은 데서 비추니까 그림자가 짧아진다!

빛이 낮은 데서 비추니까 그림자가 길어져.

빛에서 멀어지니까 그림자가 작아진다!

빛이 가까이 가니까 그림자가 엄청 커져!

 지구의 그림자를 볼 수 있다?

달이 지구의 그림자에 가려지는 '월식' 때 볼 수 있지요. 커다랗고 둥근 보름달이 가장자리부터 오목하게 파이면서 점점 가려지는 것 말예요.(자세한 설명은 39쪽에!) 월식은 일 년에 두 번 정도 볼 수 있어요. 월식이 일어난다는 뉴스가 나오면 꼭 관찰해 보세요!

빛의 직진
레이저 검이 말도 안 된다고?

에스에프(SF) 영화 같은 데서 종종 나오는 레이저 검! 그런데 이 검은 과학적으로 불가능해요. 레이저는 일종의 빛이라고 할 수 있는데, 빛은 어떤 물체를 만나기 전에는 끝없이 뻗어 나가거든요. 또한 이 검으로 결투도 불가능해요. 두 레이저 검이 부딪치더라도 빛은 직진하니까 그냥 지나쳐 버리기 때문이에요.

빛의 직진은 빛이 곧게 뻗어 나아가는 성질이에요. 빛이 직진하는 것은 주변에서 흔히 볼 수 있어요. 구름 사이로 쏟아지는 햇빛, 문틈으로 새어 들어오는 불빛이 그렇죠.

빛이 직진하기 때문에……

그림자가 생겨요!
똑바로 뻗은 빛이 물체에 가려지는 거예요.

물체랑 그림자 모양이 비슷한 것도 다 빛이 직진하기 때문이야.

나랑 그림자랑 모양이 비슷해. 신기하다.

일식과 **월식**이 일어나요!
일식은 달이 태양의 전부나 일부를 가리는 현상이에요. 월식은 달의 전부나 일부가 지구 그림자 때문에 가려지는 현상이죠.

이렇게 달이 태양과 지구 사이에 끼니까 일식이 일어나는구나!

월식은 지구가 태양과 달 사이에 들어가서 생기고!

빛이 직진하지 않는다면?

일상생활에서 빛을 사용하기 어려워질 거예요. 빛이 어디로 나아가는지 알 수 없을 테니까요. 피부과에서는 점을 빼려고 쏜 레이저가 빗나가 멀쩡한 피부를 태울 수도 있고, 마트에서는 물건의 바코드가 찍히지 않아 애를 먹겠지요?

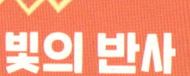
빛의 반사

마술사가 몸을 사라지게 했어! 어떻게 된 거지?

신기한 마술 쇼 쇼 쇼! 상자 안에 들어가면 머리만 남고 몸은 사라진다? 이건 다 눈속임이랍니다. 마술사의 상자 안에 거울이 달려 있어서 우리 눈에는 거울에 반사된 상자의 바닥이 보인 것뿐이에요.

빛의 반사는 직진하던 빛이 물체를 만나면 방향을 바꾸는 성질이에요. 거울을 보면 우리 모습이 비치죠? 우리 뒤에 있는 물체를 볼 수도 있고요. 이게 다 빛의 반사를 이용한 거예요.

정반사
거울이나 광택이 나는 금속, 유리처럼 표면이 매끄러운 물체는 빛을 한 방향으로 반사시켜요. 이렇게 일정한 방향으로 빛이 반사하기 때문에 거울에 비친 모습을 잘 볼 수 있지요.

난반사
깨진 거울이나 울퉁불퉁한 금속, 출렁이는 물처럼 거친 표면에서 반사된 빛은 여러 방향으로 흩어지듯이 되돌아 나와요. 이럴 때는 거울처럼 깨끗한 모습을 보기가 힘듭니다.

 파란 새, 파란 나비…… 실제로는 없다?

파랑새, 어치, 모르포 나비 등 파란색 새와 나비는 원래 갈색과 잿빛을 띠어요. 그런데 날개와 날개 막 사이에 얇은 공기 층이 있어 마치 파란색인 것처럼 우리 눈을 감쪽같이 속인답니다. 이 공기 층에서 빛의 대부분을 흡수하고 파란색만 반사시키기 때문이에요.

사막의 신기루는 빛이 부린 마술?

사막이나 극지방에서 헛것을 본 탐험가들이 있어요. 멀리 야자수 아래에 고인 오아시스나, 구름 위로 솟은 거대한 궁전 같은 것들을 말이에요. 이런 신기루 현상은 사막이나 극지방처럼 공기와 땅의 온도가 크게 차이 나는 곳에서 일어나요. 온도 차가 크면 서로 다른 공기 층에서 빛이 꺾이는 '굴절'이 일어나거든요. 그래서 물체가 실제와 다른 곳에 있는 것처럼 보인답니다.

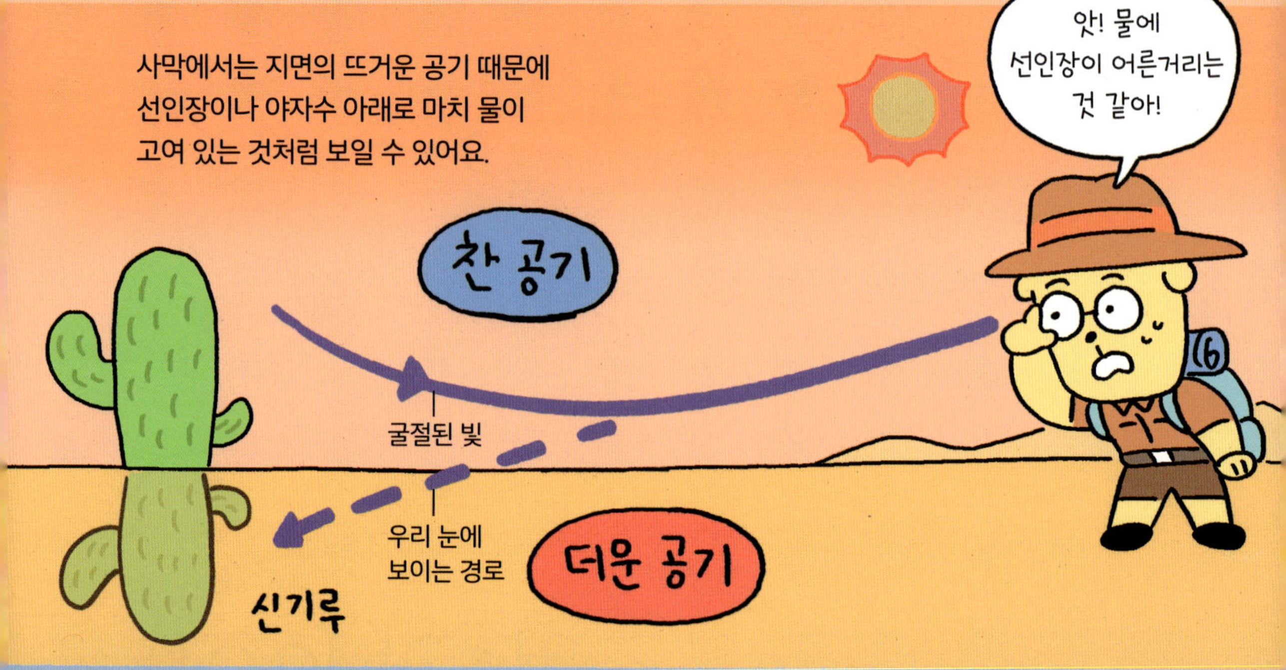

사막에서는 지면의 뜨거운 공기 때문에 선인장이나 야자수 아래로 마치 물이 고여 있는 것처럼 보일 수 있어요.

앗! 물에 선인장이 어른거리는 것 같아!

찬 공기
더운 공기
굴절된 빛
우리 눈에 보이는 경로
신기루

추운 바다에서는 수면의 찬 공기 때문에 마치 배가 하늘로 거꾸로 떠가는 듯이 보일 수 있어요.

더운 공기
찬 공기
신기루
우리 눈에 보이는 경로
굴절된 빛

빛의 굴절은 빛이 어느 한 물질에서 다른 물질로 나아갈 때 꺾이는 현상이에요. 빛이 지나가는 공간(매질)의 성질에 따라 빛의 빠르기가 다르기 때문에 생기지요. 물과 공기, 유리와 공기, 기름과 공기 등 서로 다른 매질의 경계에서는 빛이 굴절해요.

빛의 굴절에 따른 현상

눈으로 레이저를 보려면? 투명한 수조에 물을 넣고 우유를 몇 방울 떨어뜨려요. 수조 안에 향을 피워 연기를 채우고 뚜껑을 덮어요. 이렇게 만든 수조에 레이저를 쏘면 잘 보여요.

무지개의 색깔이 다양한 이유

무지개는 자연에서 볼 수 있는 빛의 굴절 현상이에요. 햇빛은 온갖 색깔들이 한데 섞여 있어 원래 하얗게 보여요. 그런데 비가 내린 뒤 대기 중에 가득한 물방울과 만나면 굴절되어 무지개색 빛을 나타낸답니다. 이때 빛이 여러 방향으로 굴절되어서 빨간색부터 보라색까지 다양하게 나타나는 거예요.

안경을 쓰면 어떻게 안 보이던 게 보일까?

언젠가부터 멀리 있는 게 안 보여서 안경을 쓰게 된 친구가 있을 거예요. 눈구멍 안에 든 공 모양의 안구가 앞뒤로 길쭉해지면서 눈으로 들어온 빛이 제대로 망막에 맺히지 못해 시력이 나빠진 거죠. 안경을 쓰면 신기하게도 빛이 망막에 딱 맺히면서 제대로 보인답니다!

"머냥이처럼 시력이 좋은 눈은 빛이 망막에 딱 맺혀!"

망막 — 빛

정상 눈

"나처럼 안구가 앞뒤로 길어지면 빛이 망막 앞에 맺히지. 그러니까 잘 안 보이는 거야. 이걸 '근시'라고 해."

근시

"근시일 때 오목 렌즈로 된 안경을 쓰면 잘 보여. 빛이 바깥쪽으로 굴절되어서 제대로 망막에 맺히게 하지!"

"내놔." "어지러워!!"

오목 렌즈

교정한 눈

44

렌즈는 유리나 플라스틱의 가운데를 가장자리보다 볼록하게 또는 오목하게 만든 물건이에요. 빛을 모으거나 퍼지게 할 수 있답니다. '볼록 렌즈'와 '오목 렌즈'가 있지요. 볼록 렌즈는 돋보기나 카메라, 현미경, 노안을 위한 다초점 안경 렌즈에 쓰이고, 오목 렌즈는 근시 안경에 쓰여요.

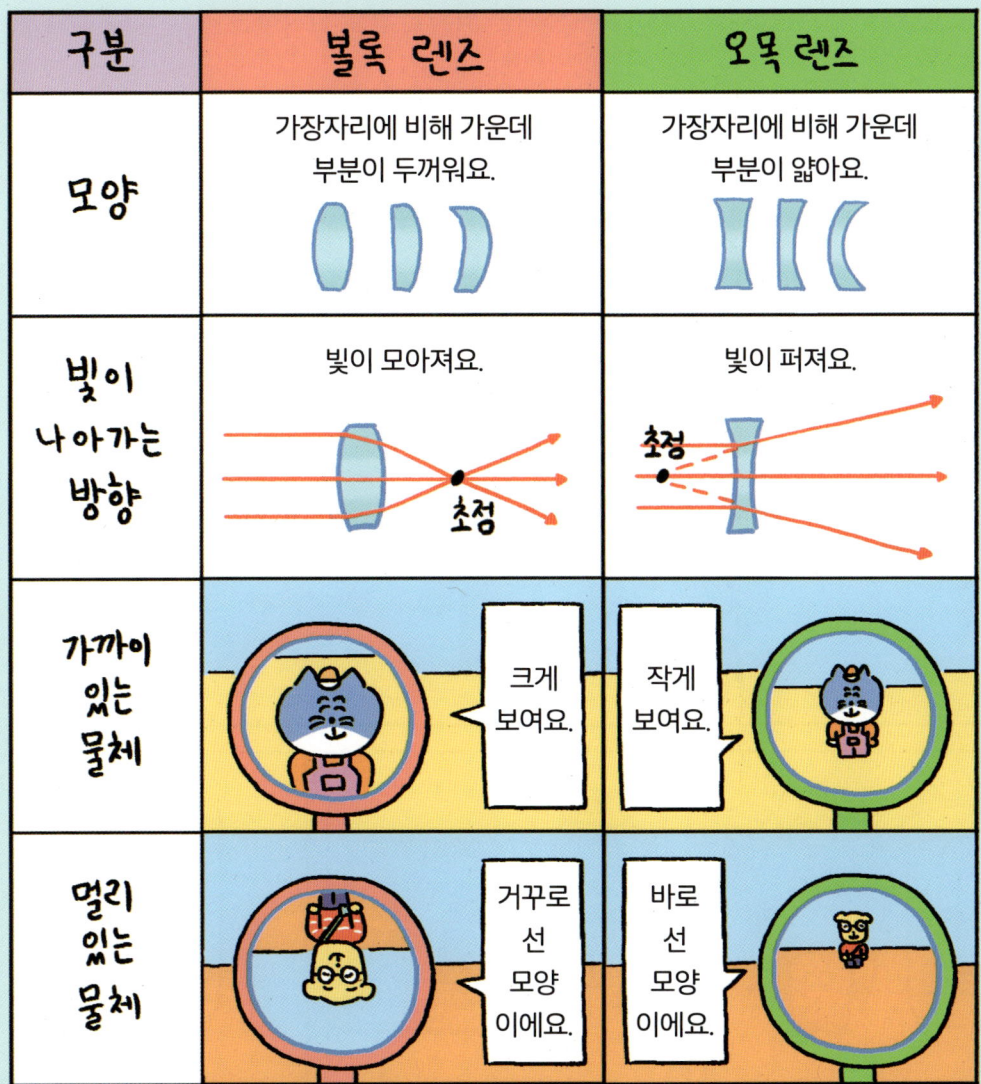

동물의 눈에는 세상이 다르게 보인다

사람과 개, 물고기, 잠자리 등 눈을 가진 동물은 누구나 '렌즈'를 갖고 있어요. 재미있게도 동물마다 가진 렌즈가 달라 세상이 달리 보이죠. 물고기는 한쪽 눈으로 160도 이상 볼 수 있어요. 벌과 잠자리 같은 곤충은 여러 개의 눈이 겹쳐져 있어 세상이 모자이크처럼 보인답니다.

온도

이마 앞에 잠깐 댔다 떼는 체온계, 원리가 뭘까?

몸의 온도를 체온이라고 하죠. 체온을 재는 비접촉형 적외선 체온계는 이마에서 나는 적외선의 세기를 측정해 숫자로 나타내요. 우리 몸에서 나는 적외선 열을 감지하는 거죠. 그런데 왜 꼭 이마여야 하느냐고요? 이마가 체온 변화에 민감해서예요!

비접촉형 적외선 체온계
직접 체온계를 대지 않고도 이마나 귀 뒤쪽에서 체온을 잴 수 있어요. 그런데 피부에 땀이나 이물질이 없는 상태여야 한답니다.

접촉형 적외선 체온계
뾰족한 곳을 귓속에 넣고 1~2초 후에 측정 버튼을 누르면 되어요. 귀지 같은 이물질이 있으면 체온이 제대로 안 나오니 주의해요!

적외선 카메라
이 카메라에 찍히면 체온이 얼마나 높고 낮은지에 따라 각기 다른 색깔을 나타낸답니다. 열이 심한 사람들은 다른 사람들보다 붉게 나타나요!

수은 온도계
겨드랑이에 끼고 5분을 기다리면 맨 아래 모여 있던 수은이 올라와 체온을 알려 줘요. 수은이 위험해서 요즘은 잘 안 쓴답니다.

온도는 물질이 뜨겁거나 차가운 정도를 숫자로 나타낸 것이에요. 온도를 나타내는 단위에는 몇 가지가 있어요. 전 세계 사람들은 온도를 객관적으로 나타내기 위해 몇 가지를 약속했어요. 이 기준대로 온도를 말하면 누구나 뜨겁고 차가운 정도를 정확하게 알 수 있겠지요?

우리가 주로 사용하는 단위예요. 물이 얼기 시작하는 온도를 0℃, 물이 끓기 시작하는 온도를 100℃로 하고, 그 사이를 100개로 똑같이 나눈 각각의 눈금을 1℃로 정했어요.

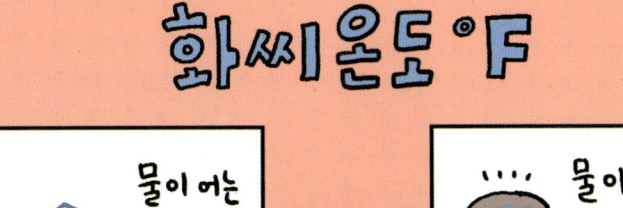

미국을 비롯한 일부 나라에서는 온도를 화씨(℉)로 나타내요. 물이 어는 온도를 32℉로, 물이 끓는 온도를 212℉로 하고, 그 사이를 180등분 한 게 1℉죠. 화씨 0℉는 섭씨로 영하 18℃ 정도예요!

> 🐶 **별의 온도는 '색깔'을 보면 알 수 있다**
> 별들은 아주 멀리 있어 모두 비슷하게 보이지만 망원경으로 보면 별마다 온도에 따라 색깔이 달라요. 온도가 높을수록 푸르고 온도가 낮을수록 붉지요. 태양 같은 노란 별은 온도가 약 5800도이고, 파란 별은 2만 9000도에서 6만 도랍니다.

열의 이동 | 열기구는 어떻게 하늘에 뜨지?

열기구는 커다란 풍선 안의 공기를 데워서 하늘에 붕 뜨게 하는 거예요. 아래가 뚫린 풍선 밑에는 불을 피우는 장치가 달려 있어요. 여기에 불을 피우면 열이 풍선 안의 공기로 옮겨 가요. 풍선 안의 뜨거워진 공기는 팽팽하게 부풀고, 그 공기의 일부가 풍선 아래쪽으로 빠져나가요. 그렇게 풍선 전체의 무게가 가벼워져 하늘로 붕 날아오르지요. 비닐봉지를 열고 뜨거운 헤어드라이어 바람을 쐬어 보면 그 원리를 쉽게 이해할 수 있을 거예요!

48

열은 물체의 온도를 높이거나 상태를 변화시키는 것이에요. **열의 이동**은 열이 뜨거운 곳에서 차가운 곳으로 이동하는 현상이고요. 뜨거운 곳에서 차가운 곳으로 열이 활발하게 움직이면서 결국 두 곳의 온도는 점점 같아져요. 온도가 똑같아지면 열은 더 이상 이동하지 않는답니다.

열의 이동 방법

대류
따뜻해진 공기는 위로, 위에 있던 차가운 공기는 아래로 내려오면서 열이 이동하는 현상이에요. 공기 같은 기체뿐만 아니라 액체에서도 일어나요.

전도
물체끼리 서로 닿으면서 열이 이동하는 현상이에요. 주로 고체에서 일어나요.

복사
중간에 다른 물질을 거치지 않고 바로 열이 이동하는 현상이에요.

열이 못 움직이게 하려면? 공기를 없애라!

보온병에 뜨거운 물을 넣으면 오랫동안 따뜻하게 유지되지요? 이건 다 열의 이동을 막은 특별한 장치 때문이랍니다. 보온병의 벽은 이중 유리로 되어 있고, 유리와 유리 사이는 공기가 없는 진공 상태예요. 진공 상태에서는 열이 쉽게 이동하지 못하거든요. 이렇게 열의 이동을 막아 주는 것을 '단열'이라고 해요.

물체의 운동

플립 북 속 캐릭터가 움직인 것도 '운동'이라고?

플립 북은 여러 장의 종이에 페이지 순서대로 움직이는 모양을 그려 놓은 책이에요. 책장을 빠르게 스르륵 넘기면 마치 애니메이션처럼 그림이 살아 움직이지요. 여기에 그려 넣은 캐릭터는 과학적으로 '운동했다'라고 할 수 있어요. 과학에서 말하는 '운동'은 우리가 평소에 말하는 배드민턴, 축구 같은 '운동'보다 범위가 넓거든요. 중요한 건 '위치'예요. 위치가 변화하면 운동한 거죠!

물체의 운동은 시간의 흐름에 따라 물체의 위치가 달라지는 것을 말해요. 운동하는 물체의 위치는 물체가 처음에 있던 기준점으로부터 거리와 방향이 얼마나 달라졌는지로 나타낼 수 있어요. 여기서 '기준점'은 무척 중요해요. 움직이는 건 기준에 따라 달라지거든요! 달리는 차 안에 있으면 움직이는 게 차가 아니라 창밖의 풍경인 것처럼 보이듯이요!

물체의 운동을 나타내는 방법

멍미가 자전거를 타고 학교에 갔어요. 자전거가 운동한 것을 어떻게 정확하게 나타낼까요?

1. 기준점 정하기
교차로 중앙에서부터 움직인 걸 표현해요!

2. 움직인 거리와 방향
북쪽으로 400m, 동쪽으로 400m 갔어요!

3. 걸린 시간
20분이 걸렸어요!

멍미의 자전거는 교차로 중앙에서 북쪽 400m, 동쪽 400m 지점으로 20분 동안 운동했어요!

실내 자전거로 제자리에서 달려도 '운동'한 걸까?

운동한 건지 아닌지 따질 때 중요한 건 기준점이라고 앞서 말했죠? 실내 자전거 밖에서 봤을 때 자전거 타는 사람은 위치가 변함 없어서 운동하지 않는 걸로 보여요. 그런데 이때 기준점은 실내 자전거 바퀴가 움직이기 시작한 위치예요. 발을 구르는 만큼 바퀴의 위치가 달라지기 때문에 운동했다고 할 수 있지요. 바퀴의 둘레와, 바퀴를 굴린 횟수를 알면 얼마나 움직였는지 알 수 있답니다.

달리기 선수와 수영 선수 중 누가 더 빠를까?

세계 최고의 달리기 선수와 수영 선수가 서로 자기가 더 빠르다고 자랑했어요. 달리기 선수는 100미터를 10초 동안 달렸고, 수영 선수는 400미터를 가는 데 3분 40초가 걸렸대요. 과연 누가 더 빨랐을까요?

더 빠른 선수를 찾아라!

속력은 일정한 시간 동안 물체가 이동한 거리로, 빠르기를 나타내요. m(미터), km(킬로미터) 같은 거리의 단위와, s(초), h(시) 같은 시간의 단위를 사용해 표시하죠. m/s(미터 퍼 세컨드), km/h(킬로미터 퍼 아워)처럼요.

속력 = 움직인 거리 ÷ 시간

달리는 사람이나 자전거의 속력은 m/s로 나타내고, 자동차나 비행기처럼 먼 거리를 이동하는 물체의 속력은 km/h로 나타내요.

18m/s
1초에 18미터를 움직이는 자전거

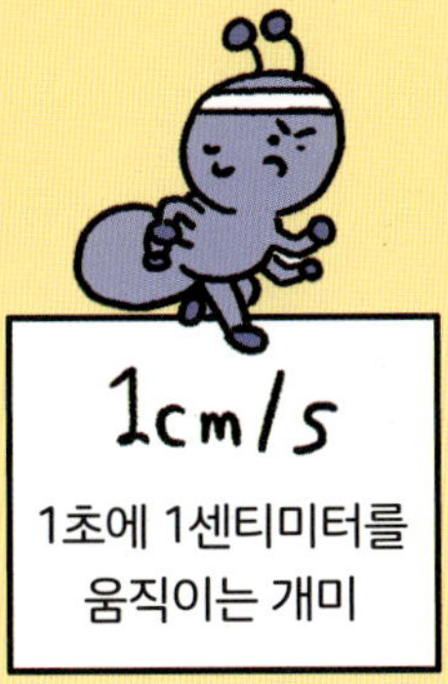

800km/h
1시간에 800킬로미터를 움직이는 비행기

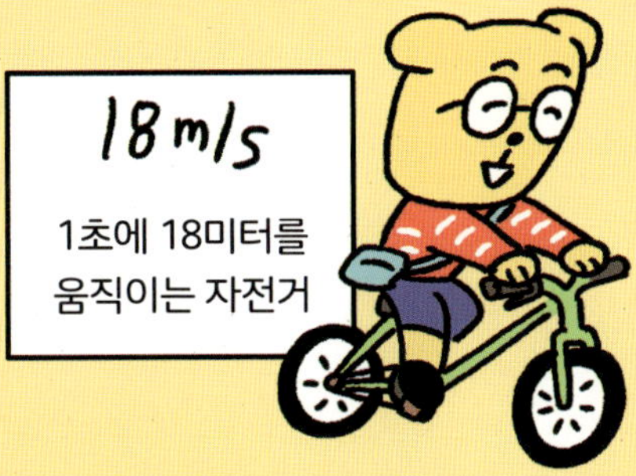

5m/s
1초에 5미터를 달리는 사람

100km/h
1시간에 100킬로미터를 달리는 자동차

1cm/s
1초에 1센티미터를 움직이는 개미

 소리보다 더 빠르게 움직이는 지구

우리가 발 딛고 사는 지구는 소리보다 더 빠른 속도로 하루에 한 바퀴씩 스스로 돌고 있어요. 지구가 자전하는 속력은 약 1667km/h나 된답니다. 그런데 왜 멀미가 나지 않느냐고요? 우리는 모두 지구와 함께 움직이고 있어서 '자전'을 느끼지 못하기 때문이에요. (115쪽 참조)

 전기

왜 번개는 지그재그로 떨어질까?

번개는 높고 두꺼운 소나기구름이 떠 있을 때 생기죠. 구름 아래쪽의 따뜻한 공기와 위쪽의 차가운 공기가 만나면 구름 안에서 전기가 생기는데요. 이 전기가 땅으로 내려가면서 번개가 쳐요. 번개는 공기 저항 때문에 똑바로 내려가지 못해요. 결국 지그재그 모양으로 길을 내면서 움직이지요. 하늘을 가르는 광경이 매우 멋져도 번개를 맞으면 감전될 수 있으니 조심하세요!

전기는 우리 생활을 편리하게 해 주는 에너지예요. 전기 덕분에 텔레비전과 냉장고, 세탁기 등의 전자 제품을 쓸 수 있지요. 그런데 전기는 석탄이나 석유 같은 자원을 이용해 만들기 때문에, 지구의 자원을 줄어들게 만들고 지구 온난화 같은 환경 문제를 일으킨답니다. 잘못 쓰면 감전이 되고, 불이 날 수도 있고요. 그러니까 소중한 만큼 아껴서 조심히 써야겠지요?

머물러 있는 전기, 정전기

겨울철에 스웨터를 벗을 때 찌릿찌릿한 것, 머리카락이 빗에 달라붙는 것 모두 **정전기** 현상이에요. 두 물체가 마찰하면 생긴다고 해서, **마찰 전기**라고도 부르죠.

흐르는 전기, 전류

우리는 흐르는 전기의 힘으로 전자 제품을 쓸 수 있어요!

전기는 물에서 더 잘 통해요!

물은 전기가 잘 흐르는 성질을 지녔어요. 우리 몸의 약 70퍼센트는 물이 차지하지요. 그래서 젖은 손으로 전기 기구를 만지면 우리 몸에도 전기가 흐르게 된답니다. 감전이 되어서 큰 화상을 입을 수도 있으니 조심해요!

전류

요즘 전봇대가 잘 안 보이는데 전기를 어떻게 받지?

전기는 전봇대에 걸린 전선을 통해서 받는데, 요즘에는 전봇대가 잘 안 보이죠? 그건 전선을 땅속에 묻는 곳이 많기 때문이에요. 땅에 전봇대를 세우고 전선을 걸어 연결하면 감전의 위험이 있고 보기에도 좋지 않아서죠. 전선을 땅속에 묻으면 이런 위험이 줄어요.

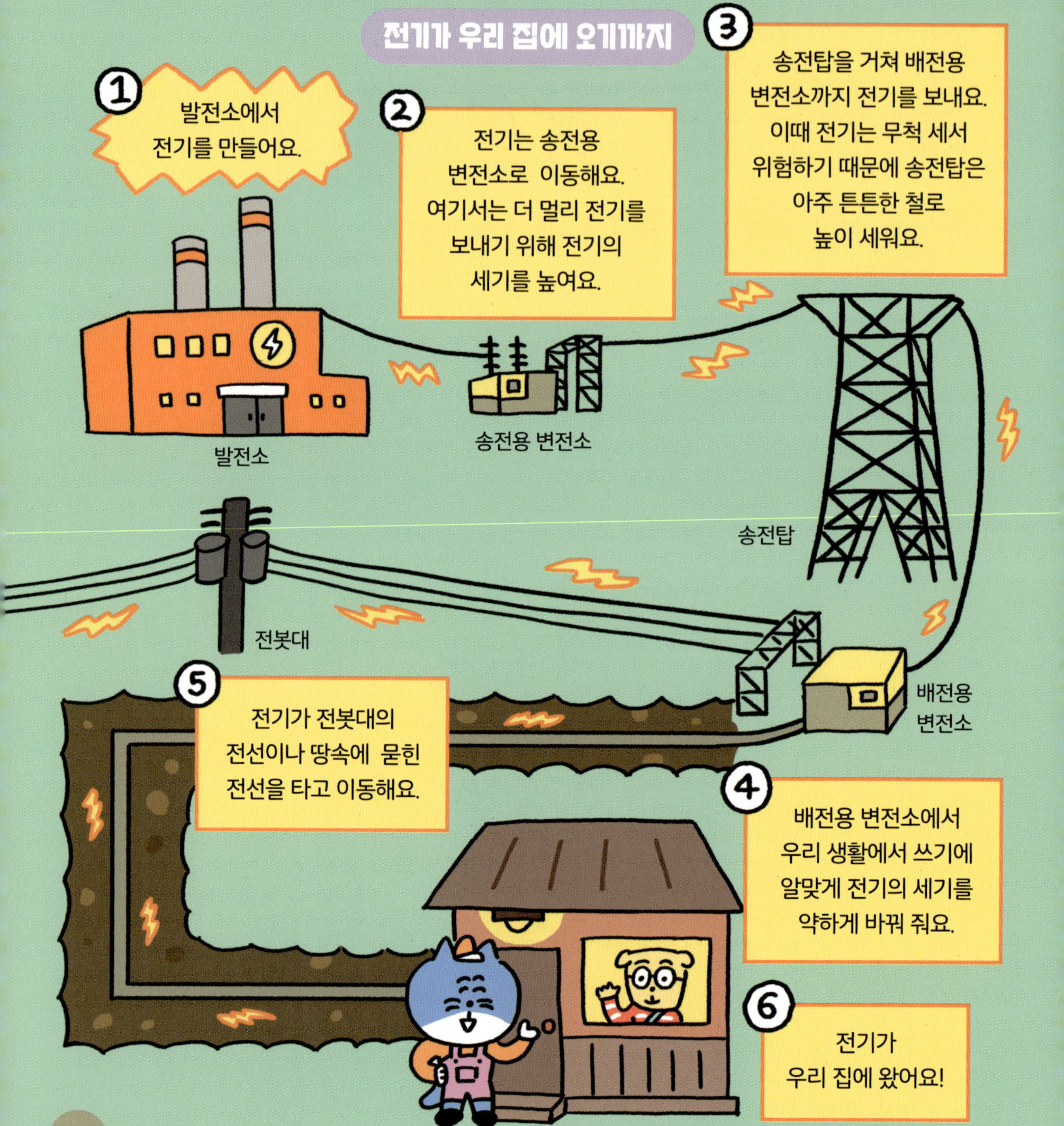

전기가 우리 집에 오기까지

① 발전소에서 전기를 만들어요.

② 전기는 송전용 변전소로 이동해요. 여기서는 더 멀리 전기를 보내기 위해 전기의 세기를 높여요.

③ 송전탑을 거쳐 배전용 변전소까지 전기를 보내요. 이때 전기는 무척 세서 위험하기 때문에 송전탑은 아주 튼튼한 철로 높이 세워요.

④ 배전용 변전소에서 우리 생활에서 쓰기에 알맞게 전기의 세기를 약하게 바꿔 줘요.

⑤ 전기가 전봇대의 전선이나 땅속에 묻힌 전선을 타고 이동해요.

⑥ 전기가 우리 집에 왔어요!

전류는 전기가 전선을 타고 물처럼 흐르는 것을 말해요. 전류가 흐르도록 전지, 전선, 전구, 스위치 등을 연결한 것을 '전기 회로'라고 해요. 한마디로 전기가 다니는 길인 거예요. 전류가 흐르면서 전구에 불을 밝히거나(빛), 난로를 뜨겁게 하거나(열), 모터를 돌리는(운동) 등 다양한 형태로 에너지를 공급한답니다.

전기 회로 만들기

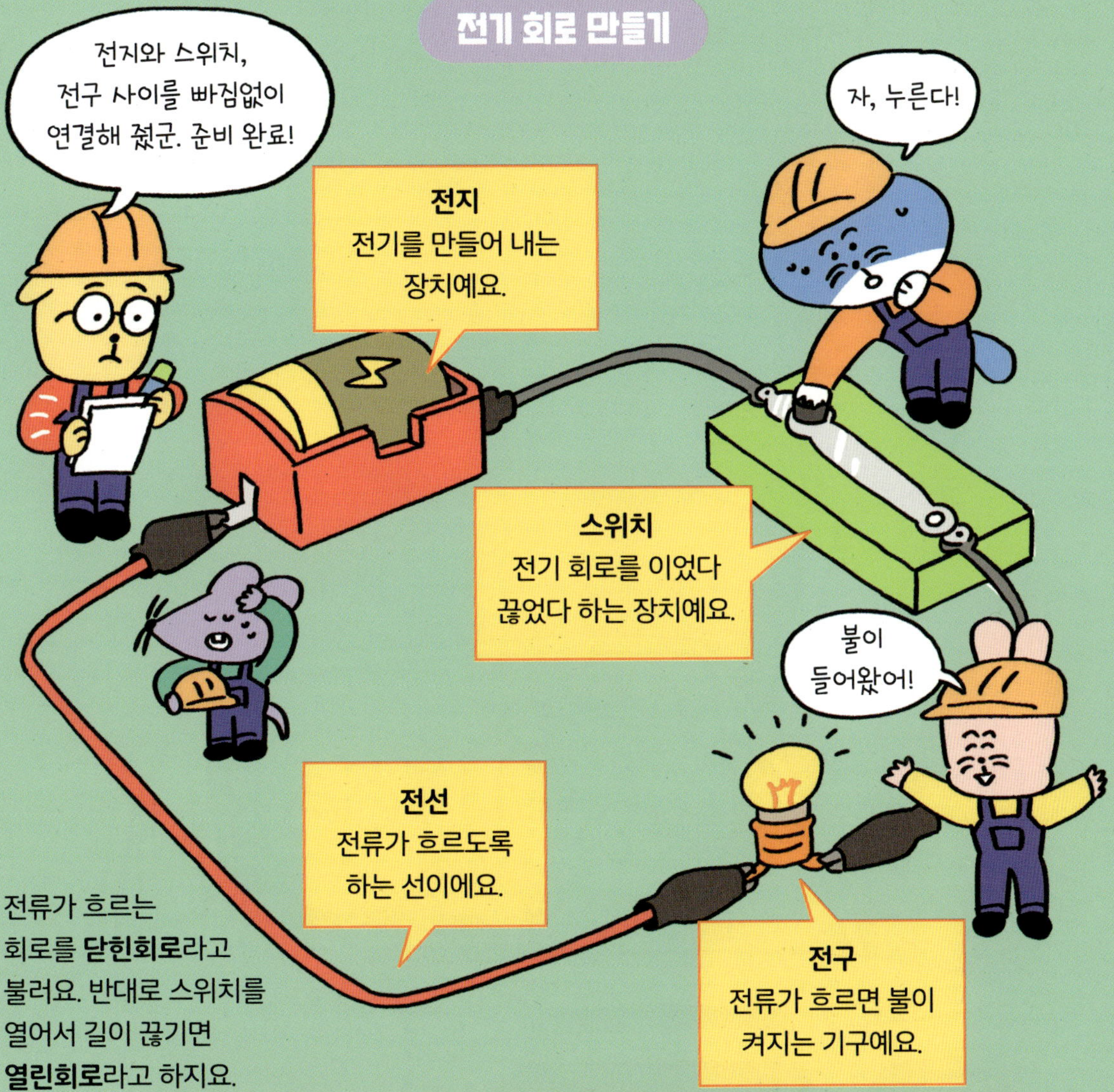

전지와 스위치, 전구 사이를 빠짐없이 연결해 줬군. 준비 완료!

자, 누른다!

전지
전기를 만들어 내는 장치예요.

스위치
전기 회로를 이었다 끊었다 하는 장치예요.

불이 들어왔어!

전선
전류가 흐르도록 하는 선이에요.

전구
전류가 흐르면 불이 켜지는 기구예요.

전류가 흐르는 회로를 **닫힌회로**라고 불러요. 반대로 스위치를 열어서 길이 끊기면 **열린회로**라고 하지요.

 전류를 자동으로 끊는 장치가 있다?
전기가 너무 세면 불이 날 수 있어요. 이것을 막기 위해 전류가 흐르는 것을 자동으로 끊어 주는 장치가 만들어졌지요. 이게 바로 '누전 차단기'예요. 무더운 여름날, 에어컨을 펑펑 틀면 갑자기 정전이 되는 경우가 종종 있죠? 너무 센 전류가 흘러서 누전 차단기가 집 전체의 전기를 끊어 준 거예요.

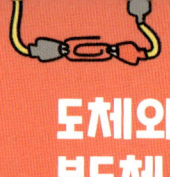

도체와 부도체

번개 쳤을 때 자동차 안이 왜 안전하지?

번개가 칠 때 바깥에 있다면 차 안으로 들어가는 게 가장 안전해요. 차에 번개가 치면 전류는 차 표면을 따라 흘러 타이어를 통해 땅속으로 흘러 들어가거든요. 차 표면이 전기가 잘 통하는 금속으로 되어 있어서예요. 따라서 차 안에 있는 사람은 번개로부터 안전하답니다!

도체는 전기가 잘 통하는 물질이고 **부도체**는 전기가 잘 통하지 않는 물체예요. 전기가 통한다는 말은 전류가 흐른다는 뜻이지요. 철, 은, 구리, 알루미늄 등 대부분의 금속은 도체예요. 나무와 고무, 유리는 부도체고요. 우리가 쓰는 전자 기기들은 대부분 도체와 부도체가 적절하게 섞여 있어요. 예를 들면, 전선은 도체인 구리 선에 부도체인 플라스틱이나 고무를 둘러싸서 만들어요. 구리 선이 겉으로 드러나 있으면 만졌을 때 전기가 통해서 위험하기 때문이지요.

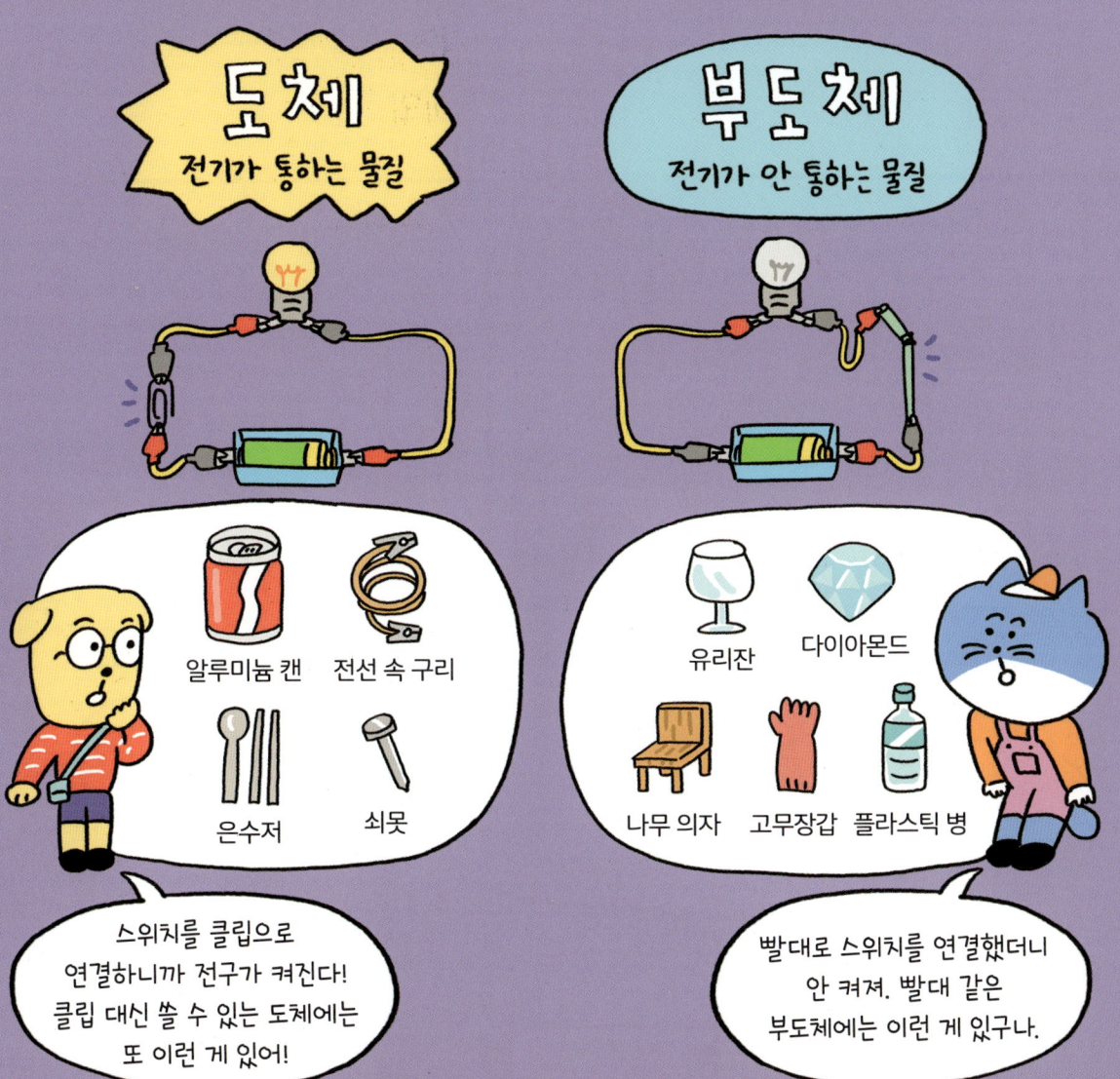

전기가 흐르기도, 흐르지 않기도 하는 '반도체'

평소에는 전기가 통하지 않다가, 온도가 바뀌는 등 조건이 달라지면 전기가 통하는 물질도 있어요. 컴퓨터나 스마트폰을 만들 때 필요한 반도체예요. 어떤 반도체는 낮은 온도에서는 전기가 통하지 않지만 온도를 높이면 전기가 잘 통한답니다.

59

직렬연결과 병렬연결

리모컨 건전지를 하나만 넣어도 작동할까?

아뇨! 작동하지 않아요. 리모컨의 전기 회로는 한 줄로 쭉 직렬연결 되어 있어서 건전지 하나가 빠지면 전류가 흐를 수 없어요. 만약 여러 줄로 병렬연결 되어 있다면 전류가 흘러 리모컨이 작동했겠죠. 그런데 리모컨의 건전지가 배치된 모양은 병렬연결인 것 같다고요? 왜 그런 착각을 하게 되는지는 건전지가 놓인 모양을 자세히 보면 알 수 있어요!

직렬연결은 전기 회로에서 전지나 전구 들을 한 줄로 연결한 것을 말해요. **병렬연결**은 전지나 전구 들을 여러 줄에 나란히 연결하는 거예요.

전지를 직렬연결 할 때 전구가 더 밝아!

전지의 직렬연결
전지를 붙인 개수가 많을수록 전류가 많이 흘러요.
여기서 전지를 하나만 빼내어도 전류가 흐르지 못한답니다.

전지의 병렬연결
전지가 하나일 때만큼의 전류가 흘러요.
그 대신에 전지를 직렬연결 했을 때보다 훨씬 오랫동안 쓸 수 있답니다. 또 전지를 하나 빼내어도 전류가 계속 흐르지요.

전구의 직렬연결
전구의 밝기가 병렬연결 할 때보다 어두워요.
전구 하나의 불이 꺼지면 나머지 전구 불도 꺼져요.

전구의 병렬연결
전구의 밝기가 직렬연결 할 때보다 밝아요.
전구 하나의 불이 꺼져도 나머지 전구 불이 꺼지지 않아요.

전구는 병렬연결 할 때 더 밝아!

 전기뱀장어가 스스로 감전되지 않는 비결

찌릿찌릿! 천적에게 강력한 전기를 쏘는 전기뱀장어가 스스로 감전되지 않는 비결은 전기를 내는 기관이 병렬 구조이기 때문이에요. 전기뱀장어의 몸속에서는 전기가 여러 갈래로 나뉘어 약하게 흐르기 때문에 크게 감전되지 않는답니다.

전자석 하늘을 나는 스케이트보드가 진짜 있을까?

에스에프(SF) 영화에서처럼 공중을 붕 나는 스케이트보드는 실제로 있어요! '호버 보드'라고 불리는 것으로, 과학자들이 초전도체를 이용해 만들었지요. 초전도체는 전자석의 자기장을 밀어내는 물질이에요. 바닥에 강력한 자기장이 생기는 전자석 레일을 깔면 스케이트보드가 레일을 따라 붕 날아갈 수 있답니다. 아직 호버 보드는 우리 주변에서 흔히 볼 수 없어요. 하지만 언젠가 그럴 날이 오겠지요?

전자석은 전류가 흐를 때 자기장이 나타나는 것을 이용해 만든 자석이에요. 철심에 에나멜선을 원통 모양으로 돌돌 감아 만들 수 있어요.

전자석의 성질

	자석	전자석
공통점	철로 된 물체를 끌어당기고 N극과 S극을 가지고 있어요.	
차이점	언제든지 철로 만든 물체를 끌어당겨요.	전류가 흐를 때만 자석의 성질을 띠어요.
	세기가 일정해요.	전류의 세기에 따라 전자석의 세기도 달라져요.
	극을 바꿀 수 없어요.	전류 방향이 바뀌면 극을 바꿀 수 있어요.

쓰레기장에 거대한 전자석이?
쓰레기장에는 종이나 옷감, 나무부터 각종 금속까지 각종 쓰레기가 모여 있어요. 재활용을 위해서는 같은 종류의 쓰레기들끼리 모으는 작업을 해야 해요. 이때 철로 된 것들은 전자석을 이용해 분리해요. 전자석에 전류를 통하게 해서 철을 끌어당긴 뒤, 다른 곳으로 모으지요.

에너지 전환

전기를 만드는 자전거가 있다?

자전거 페달을 열심히 밟는 것만으로도 전기를 만들 수 있어요. 운동 에너지를 전기 에너지로 바꾸는 원리이지요. 페달이 돌아가면 바퀴도 따라 돌아요. 그러면 바퀴에 연결한 발전기도 같이 돌게 되면서 전기 에너지를 만들어 내요.

> 햄버거 먹고 만든 에너지로 으쌰으쌰!

> 운동 에너지

> 전기 에너지

> 친환경 에너지라서 그런가? 빛이 더 좋은 느낌이야!

🐱 우리의 발걸음이 에너지가 된다고?

영국의 한 기업에서 전기를 만드는 특별한 시스템을 발명했어요. 사람들이 많이 다니는 장소에 버튼식 패드를 설치했지요. 버튼식 패드는 사람들이 걸으면서 발로 밟을 때마다 생기는 압력을 전기 에너지로 바꾼 장치예요. 한 번 밟을 때마다 30초 동안 전구를 밝힐 수 있는 전기 에너지가 생겨난다고 해요. 운동 에너지를 전기 에너지로 바꾼 발명품이지요!

에너지 전환은 에너지의 형태가 바뀌는 것이에요. 이런 에너지 전환을 이용해 우리는 필요한 형태의 에너지를 얻을 수 있어요. 예를 들면 태양 전지는 태양의 빛 에너지를 전기 에너지로 바꾸고, 엘리베이터는 전기 에너지를 운동 에너지로 바꿔 우리를 위아래로 실어 날라요.

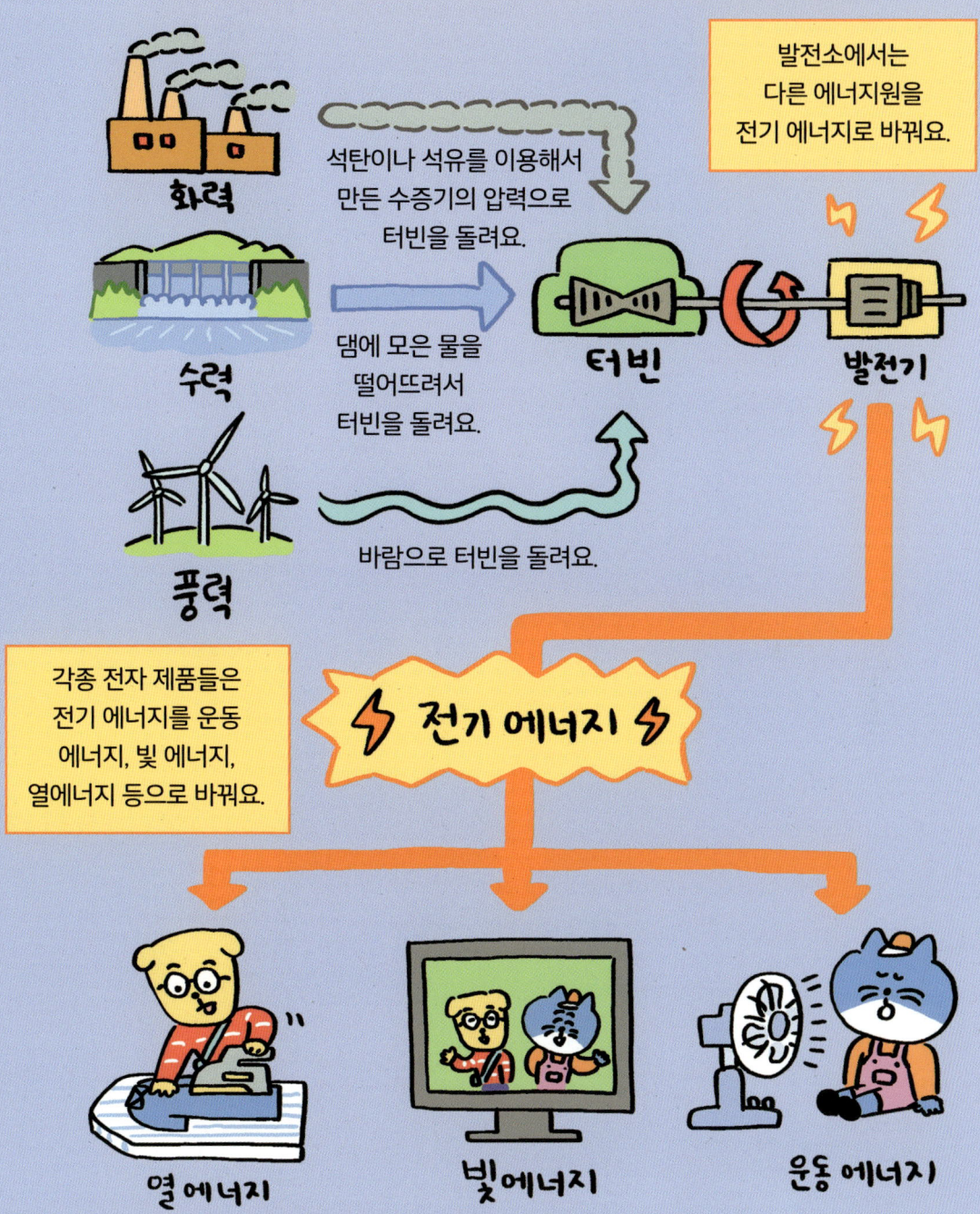

2장
지구

우리가 살아가는 지구를 살펴봐요.
화산, 날씨 등 지구 표면에서 일어나는 일부터,
태양, 행성, 별 등 지구 주변까지를 모두 다뤄요.

지구 | 우리는 왜 지구에서 살까?

지구에는 공기와 물이 있어서 생명체가 살 수 있기 때문이에요. 또한 지구는 태양으로부터 아주 가깝지도, 멀지도 않아요. 뜨겁지도 않고 춥지도 않아 살기에 알맞은 온도를 유지하지요.

대기 중에서 오존이라는 기체가 많이 포함된 부분을 **오존층**이라고 해요. 여기서는 태양에서 나오는 해로운 자외선을 흡수해서 지구 생물들을 보호해요.

오존층

지구를 둘러싼 공기를 **대기**라고 해요. 대기에는 산소가 있어서 생물이 숨을 쉴 수 있어요. 또한 지구의 온도를 일정하게 유지시켜 준답니다.

대기야, 우리를 숨 쉬게 해 줘서 고마워!

지구에 물이 있어서 참 다행이야. 그렇지, 돌고래야?

지구의 물에는 하천이나 호수 같은 육지의 물과, 짠맛이 나는 바닷물 등이 있어요. 물은 생물이 생명을 유지하는 데 꼭 필요하지요.

지구는 우리가 사는 행성의 이름이에요. 공처럼 둥글고 반지름은 약 6400킬로미터예요. 태양 주위를 도는 여덟 개의 행성 중 세 번째로 태양과 가깝지요. 지구는 대기층으로 둘러싸여 있으며 지구의 표면에는 산, 들, 강, 호수, 바다 등이 있답니다.

지구의 표면은 70퍼센트가 바다이며 나머지는 단단한 육지예요. 지구가 파랗게 보이는 건 다 바다의 물 때문이에요.

지구에서 가장 깊은 곳은 태평양에 있는 마리아나 해구랍니다. 최대 깊이가 약 11034미터예요.

지구에서 가장 높은 곳은 에베레스트산이에요. 높이가 약 8848미터이지요.

진짜 파란 부분이 훨씬 많네!

아주 오래전 지구는 불바다였다?

지구는 약 46억 년 전에 태어났어요. 그때만 해도 온통 뜨거운 마그마(암석이 녹아 있는 것)였지요. 대기가 없어서 우주로부터 떨어지는 운석과 소행성에 자주 부딪혔고요. 시간이 흐르면서 지구에 대기가 생겨났어요. 대기 중 수증기가 비로 내리면서 뜨거운 땅은 점점 식어서 굳고, 오목한 곳에는 바다가 생겼답니다.

꽃밭의 흙은 왜 진흙처럼 찰싹 붙지 않지?

꽃밭의 흙은 진흙과 견주어 알갱이가 크기 때문에 알갱이 사이사이에 물을 머금지 못하고 물 빠짐이 좋아 잘 뭉쳐지지 않아요. 진흙처럼 알갱이의 크기가 작으면 수분을 잔뜩 머금을 수 있어 잘 뭉쳐지지요.

꽃밭 흙과 진흙 중 어디에서 식물이 더 잘 자랄까?

한 달 뒤……

흙은 땅을 이루는 물질이에요. 토양이라고도 불러요. 바위나 돌, 죽은 동식물 등이 오랫동안 잘게 부서지면서 만들어지지요. 각설탕이나 크래커에 힘을 주면 가루가 되듯이 말이에요. 커다란 바위가 흙이 되어 가는 과정을 '풍화 작용'이라고 불러요. 이 과정은 수만 년에서 수백만 년이나 걸린답니다.

바위와 돌은 어떻게 부서질까?

낮과 밤의 온도 차이는 바위나 돌을 팽창했다가 수축하게 해요. 이게 반복되면서 쪼개지기 시작해요.

바위틈의 물이 얼면서 틈이 넓어져요. 이 얼음이 녹으면서 바위가 부서지기도 하죠.

바위와 돌은 비와 바람을 맞고 부서지기도 해요.

식물 뿌리가 바위틈을 파고들면서 부서지기도 해요.

흙에는 수조 마리의 생물이 살고 있다

흙 속에는 셀 수 없이 많은 생물이 살고 있어요. 쥐와 두더지처럼 큰 동물도 있고, 매미 애벌레나 지렁이처럼 작은 동물도 있지요. 눈에 보이지 않는 미생물도 수조 마리나 살아요. 미생물들은 흙 속에서 살면서, 죽은 동식물을 잘게 부수어 땅을 기름지게 만든답니다.

침식 작용
동해안에 백사장이 사라지고 있다고?

해안선을 따라 고운 모래들이 수북했던 동해의 아름다운 백사장이 사라지고 있어요. 백사장이 파도에 깎여 나가는 침식이 심해지는 거예요. 왜 이렇게 됐을까요? 많은 전문가는 크게 두 가지 이유를 들어요. 하나는 사람들이 방파제나 해안 도로 같은 인공 구조물을 세우는 바람에 바닷물의 흐름을 바꾸었기 때문이라고 해요. 또 다른 이유는 지구 온난화로 바다의 표면인 해수면이 높아졌기 때문이라고 한답니다.

침식 작용은 바위, 돌, 흙이 자연의 힘으로 오랜 세월에 걸쳐 깎이는 현상이에요. 비가 오면 땅바닥이 파인 걸 본 적 있지요? 이렇게 빗물이나 강물, 지하수, 바닷물, 빙하, 바람 등이 바위, 돌, 흙을 깎아서 땅의 모양을 변화시킨답니다.

침식 작용이 바꾼 땅의 모양

강

강 상류는 보통 산꼭대기에 있고 경사가 급해요. 빠르게 흐르는 물이 강바닥을 깎아서 좁고 깊은 골짜기를 만들죠.

바다

바닷가에서는 파도가 침식 작용을 일으켜요. 암석의 약한 부분을 파서 동굴을 만들고, 암석을 깎아서 가파른 절벽을 만들지요.

 모래바람이 만든 오아시스

오아시스는 사막 가운데 샘이 솟는 곳이에요. 모래바람 때문에 바닥의 모래가 움푹 파여 지하수가 드러나게 된 거랍니다. 바람이 일으킨 침식 작용인 거죠! 오아시스가 있는 곳에서는 물을 얻을 수 있어 사람들이 농사를 짓고 마을을 이루며 살아가요.

퇴적 작용

갯벌은 왜 유달리 서해안에 많을까?

서해안에는 우리나라 갯벌의 약 83퍼센트가 집중되어 있죠. 갯벌은 바닷가에 밀물로 물이 들어오면 잠기고, 썰물로 물이 빠지면 드러나는 땅이에요. 우리나라 서해안은 밀물과 썰물의 높이가 크게 차이 나요. 바다가 얕고 평평한 편이라 썰물로 물이 쭉 빠지면 바닷물에 실려 왔던 고운 흙이 땅처럼 드러나죠. 게다가 바다로 통하는 강이 많아서 흙과 썩은 생물이 강물에 실려 많이 흘러들기도 한답니다. 그래서 서해안에 갯벌이 많은 거예요.

서해안의 갯벌

발이 푹푹 빠져! 나 살려!

바닷물에 실린 흙이랑 강에서 흘러든 흙이 다 모였다는 말이구나.

퇴적 작용은 물이나 바람, 빙하에 실린 돌이나 흙이 한곳에 쌓이는 현상이에요. 침식 작용으로 깎여 나온 돌이나 흙이 옮겨지는 거죠. 예를 들면, 산꼭대기에서 흘러내린 물이 경사가 완만한 땅에 이르면 함께 실려 온 돌이나 흙이 쌓여요.

퇴적 작용이 바꾼 땅의 모양

강

강의 하류는 상류보다 폭이 넓고 물살이 느려서 돌이나 흙이 더 잘 쌓여요. 그림 속 낙동강 하류의 **삼각주**가 퇴적 작용으로 생긴 거예요.

바다

바닷가에는 모래와 고운 흙이 파도에 휩쓸려 와서 쌓여요. 바닷가 근처에는 모래처럼 비교적 큰 알갱이가, 먼 곳에는 고운 흙처럼 가볍고 작은 알갱이가 쌓인답니다.

 모래 언덕이 사막에만 있는 건 아니다

바닷가에도 모래 언덕이 생길 수 있어요. 이것을 '해안 사구'라고 부르지요. 바닷물에 실려 온 모래가 바람을 타고 육지 안쪽으로 옮겨져 낮은 언덕 모양으로 쌓인 거예요. 우리나라에도 해안 사구를 여럿 볼 수 있답니다. 대표적인 곳이 충청남도 태안의 신두리 해안 사구예요.

지층 | 에베레스트산의 키가 점점 커진다고?

진짜예요! 산도 어린이처럼 키가 계속 커질 수 있답니다. 세계에서 가장 높은 에베레스트산의 높이는 약 8848미터나 되는데, 지금도 해마다 약 1센티미터씩 높아지고 있어요. 에베레스트산을 이루는 지층이 힘을 받아서 밀려 올라가는 거지요. 이런 현상을 '습곡'이라고 하고, 습곡으로 만들어진 산맥을 '습곡 산맥'이라고 불러요. 에베레스트산이 있는 히말라야산맥이 바로 습곡 산맥이지요.

"고무찰흙을 층층이 쌓아 놓고 양옆에서 민다고 생각해 봐. 아마 고무찰흙의 가운데가 볼록 솟을 거야. 이렇게 습곡 산맥은 아주 오랫동안 서서히 솟고 있어."

야호~

실험! 습곡 산맥 만들기

1. 고무찰흙을 차곡차곡 쌓아요.

2. 위에서 꾹 눌러 붙여 주세요.

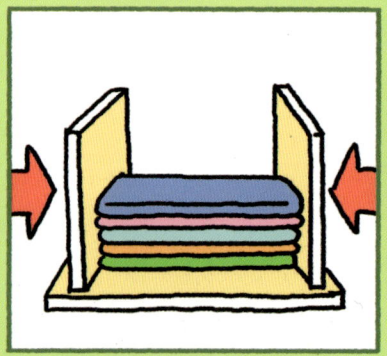

3. 양옆에서 힘을 줘서 밀어요.

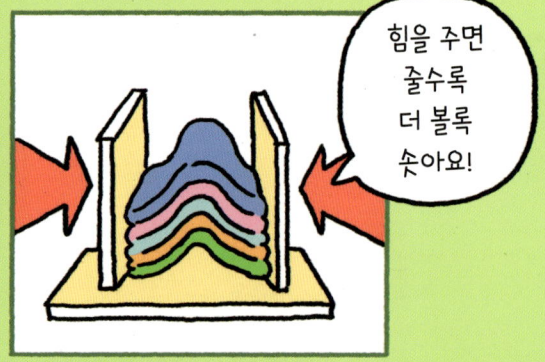

4. 고무찰흙이 휘어져요!
이게 습곡 산맥이 생기는 원리예요.

"힘을 주면 줄수록 더 볼록 솟아요!"

지층의 여러 가지 모양

수평 지층 / 휘어진 지층(습곡) / 끊어진 지층(단층)

지층은 오랜 세월 동안 여러 종류의 흙이 쌓이면서 굳어진 거예요. 마치 무지개떡처럼 층층이 무늬가 있는 모양이지요. 흙의 종류와 양에 따라 층마다 색깔과 무늬가 조금씩 달라서 그래요. 오래된 흙일수록 아래쪽에 있고, 위쪽에 있을수록 최근에 쌓인 흙이에요.

지층을 보면 과거를 알 수 있다!

지층은 아주 오래전부터 최근까지 흙이 쌓여 굳어진 거라서, 각 층을 분석하면 과거에 그곳이 어떤 환경이었는지, 어떤 일이 일어났는지 알 수 있어요. 예를 들어 과거에 우주에서 날아온 소행성이 충돌했던 지역이라면 지구에서 잘 발견되지 않는 성분이 지층에 남아 있지요.

퇴적암 | 석탄이 죽은 식물?

석탄은 수억 년 전 늪지대에서 살았던 식물이 변해서 만들어져요. 식물이 땅에 묻히고, 그 위에 쌓인 퇴적물들에 눌려 변한 거죠. 식물은 죽으면 원래 썩어서 없어지는데, 땅속에서 공기와 닿지 않으면 완전히 썩지 않아요. 열과 압력을 받아 물과 가스가 빠져나가고 탄소 성분만 남아 석탄이 되지요.

퇴적암은 퇴적물이 오랫동안 쌓이면서 단단하게 굳은 암석이에요. 퇴적물은 부서진 암석 알갱이들이나 죽은 생물 등이 물이나 바람의 힘으로 옮겨져 쌓인 것을 말하죠. 퇴적암으로는 자갈이 쌓인 '역암', 모래가 쌓인 '사암', 진흙이 쌓인 '이암' 또는 '셰일' 등이 있어요. 바닷속에 사는 산호, 물고기, 조개 등의 뼈나 껍데기가 부서진 석회질이 쌓이면 '석회암'이 되지요.

퇴적암은 어떻게 만들어질까?

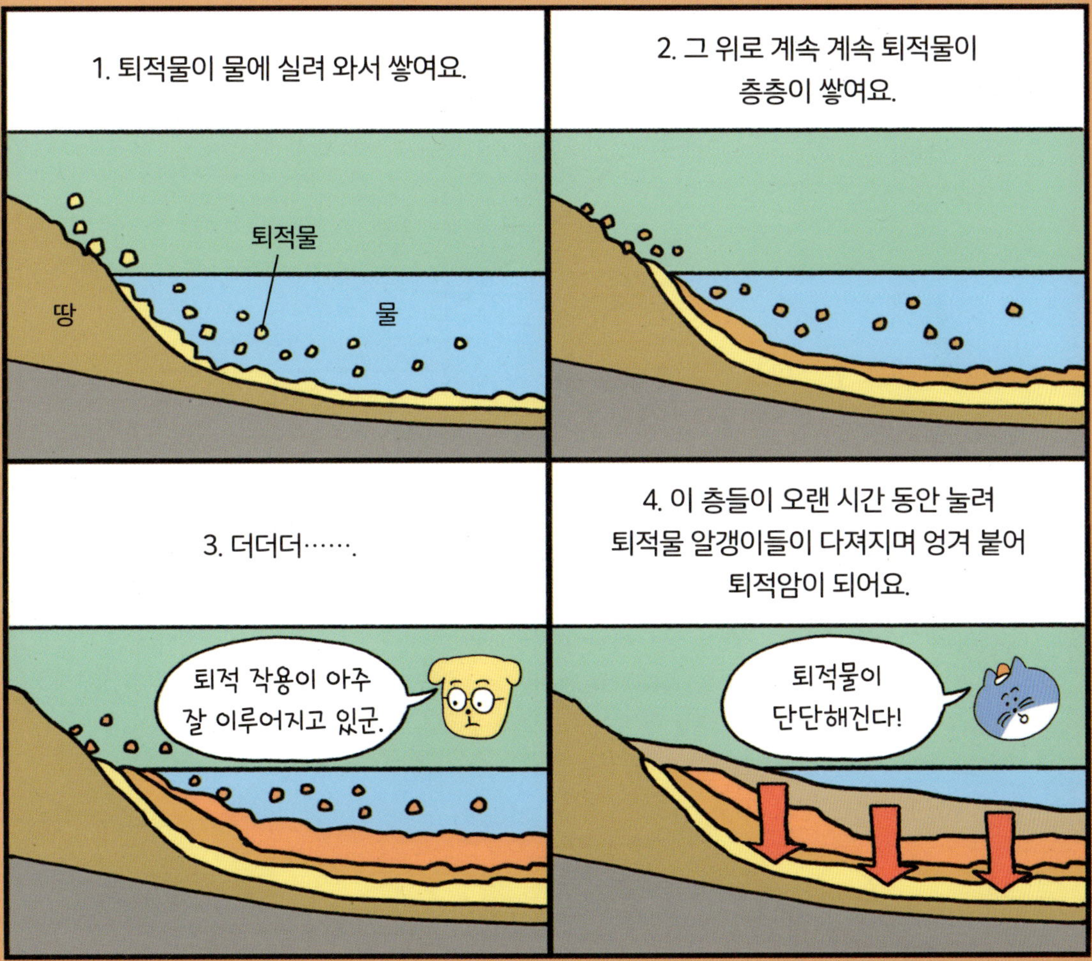

1. 퇴적물이 물에 실려 와서 쌓여요.

2. 그 위로 계속 계속 퇴적물이 층층이 쌓여요.

3. 더더더…….

   퇴적 작용이 아주 잘 이루어지고 있군.

4. 이 층들이 오랜 시간 동안 눌려 퇴적물 알갱이들이 다져지며 엉겨 붙어 퇴적암이 되어요.

   퇴적물이 단단해진다!

화산이 폭발할 때도 퇴적암이 생긴다

화산에서는 용암이 흐를 뿐 아니라 화산재나 화산진, 화산탄이 뿜어져 나와요. 화산재와 화산진은 용암의 작고 큰 부스러기이고, 화산탄은 용암이 굳어진 덩어리예요. 화산재들이 공기 중에 퍼졌다가 땅에 떨어져 쌓이면 퇴적암의 한 종류인 '응회암'이 만들어지지요.

화석

산꼭대기에서 어떻게 조개 화석이 나오지?

옛날 옛날에 바닷속에 잠겨 있던 땅이 밀려 올라가 산으로 변했다면 조개 화석이 나올 수 있어요. 지금 세계에서 최고 높기로 유명한 히말라야산맥이 바로 그런 곳이에요. 이곳에서는 아주아주 오래전의 바다 생물인 암모나이트 화석이 발견된답니다. 반대로 물속에서 나뭇잎 화석이 발견되기도 해요. 과거에 산이었던 곳이죠!

암모나이트

아주 옛날 옛적에 바닷속에 살았던 생물인 암모나이트야.

헐, 이게 왜 산꼭대기에 있어? 그럼 옛날에 여기는 바닷속?

응, 그렇지, 이것뿐만 아니라 에베레스트산에서는 조개, 물고기 등 여러 바다 생물 화석이 발견된대!

화석은 아주 오래전에 살았던 동물이나 식물의 흔적이 남아 있는 돌이에요. 퇴적암 속에서 찾을 수 있지요. 과거에 지구를 호령했던 공룡도 화석을 통해 정체가 드러났어요. 동식물이 화석으로 남으려면 단단한 부분이 많아야 유리해요. 또한 죽은 뒤 흙 속에 빨리 묻혀야 하지요. 지진이나 화산 활동이 적게 일어날수록 화석으로 남을 가능성이 크답니다.

화석은 어떻게 만들어질까?

1. 동물이 살다 죽어요.
2. 죽은 동물이 호수나 바다 바닥으로 떠밀려 와요.
3. 그 위에 퇴적물이 계속 쌓여서 지층이 만들어져요. 시간이 지나 지층이 땅속 힘으로 높이 솟아올라요.
4. 지층이 깎이면서 화석이 드러나게 되어요.

화석으로 공룡을 다시 살릴 수 있을까?

영화 「쥬라기 공원」 시리즈에서는 화석에 갇힌 모기에게서 공룡 피를 뽑아 공룡을 살아 있는 동물로 탄생시켜요. 이게 가능할까요? 안타깝게도 화석을 통해 공룡을 다시 살리는 일은 불가능해요. 돌처럼 굳어진 화석에는 이미 모기의 사체가 다 사라지고 없기 때문이에요.

화산 | 백두산이 폭발하면 어떻게 될까?

과학자들은 백두산 근처뿐 아니라, 우리나라와 일본까지도 영향이 있을 거라고 예측한답니다. 백두산 폭발이 더더욱 위험한 건, 꼭대기 천지에 약 20억 톤이나 되는 물이 고여 있어서예요. 백두산이 폭발해서 1000도가 넘는 마그마가 위로 올라오면 천지의 물과 만나는데요. 그러면 마그마가 갑자기 식으면서 폭발적으로 산산조각 나 화산재로 변해요. 엄청난 양의 이 화산재는 바람을 타고 한반도뿐 아니라 중국, 일본, 러시아에도 영향을 끼칠 수 있대요.

> 화산이 폭발하면 그 근처는 온통 용암과 화산재에 덮여 쑥대밭이 될 거예요. 화산재가 태양을 가릴 정도로 뿜어져 나오면, 비행기가 다닐 수 없고 호흡기 질병이 퍼져요.

> 정말 백두산이 폭발할까 걱정된다고요? 많은 과학자가 언제 화산이 폭발할지 예측하는 연구를 하고 있으니 너무 걱정 말아요!

화산은 땅속에 있는 마그마가 땅껍질인 지각의 틈으로 뿜어져 나와 만들어진 산이에요. 우리나라에 있는 화산으로는 제주도의 한라산과 울릉도가 있지요. 화산이 폭발하면 액체, 기체, 고체가 다 쏟아져 나온답니다. 이것들을 '화산 분출물'이라고 해요.

🐱 **화산이 있는 지역에 온천이 많다**

온천은 지하수가 땅속의 열 때문에 데워진 거예요. 화산 근처는 마그마의 열이 높아서 온천이 많지요. 온천물은 칼슘, 나트륨 같은 미네랄이 들어 있어서 건강에 도움이 된다고 알려져 있어요. 그래서 온천은 사람들이 많이 찾는 관광지로 인기가 높답니다.

화성암 제주도의 돌들은 왜 스펀지처럼 생겼지?

음…… 스펀지처럼 폭신폭신하지는 않지만 구멍이 뽕뽕 뚫리긴 했죠! 이 까만 돌은 현무암이에요. 현무암은 화산이 분출할 때 용암이 굳어지면서 생겼답니다. 이때 용암에 있던 기체가 밖으로 재빨리 빠져나오면 구멍이 숭숭 뚫리게 되어요. 현무암은 모양이 이쁘고 단단해요. 그래서 예로부터 제주도에서는 돌하르방이나 돌담 등을 만들 때 쓴답니다.

화성암은 마그마나 용암이 굳어져 생긴 암석이에요. 화산 활동으로 만들어진 암석인 거죠. 마그마나 용암이 어디에서 얼마나 빨리 굳었느냐에 따라 화성암의 특징이 달라진답니다.

화성암의 대표 주자들

구분	화강암	현무암
생김새		
만들어진 과정	땅속의 마그마가 천천히 굳은 것이에요.	용암이 땅 위로 나와 빠르게 식으면서 굳은 것이에요.
색깔	밝아요.	어두워요.
촉감	거칠지만 매끈한 부분도 있어요.	거칠거칠해요.
알갱이 크기	화강암을 이루는 알갱이는 커요.	현무암을 이루는 알갱이는 작아요.
특징	대체로 밝은 바탕에 검은색 알갱이가 보이고, 알갱이가 반짝거려요.	겉에 크고 작은 구멍이 많이 뚫려 있는 것도 있고, 구멍이 없는 것도 있어요.

 주상절리는 왜 육각기둥 모양일까?

주상절리는 지표면을 뚫고 나와 넓게 펼쳐진 용암이 빠르게 식으면서 굳은 현무암이에요. 용암이 식으면서 점점 쪼그라들어 와이(Y) 자 모양으로 금이 가면서 쪼개지면 육각기둥 모양이 되지요. 와이 자 금이 연결되어 육각기둥 모양을 이루는 거예요. 주상절리에는 육각기둥 모양뿐 아니라, 사각기둥, 오각기둥 모양도 있답니다.

지진 | 지진을 미리 알 수는 없을까?

안타깝게도 지금 과학 기술로는 지진이 언제 일어날지 미리 알 수 없어요. 땅속 깊은 곳에서 일어나는 수많은 변화를 측정해서 지진을 알아채기는 무척 어렵거든요. 전문가들이 오랫동안 이 숙제를 풀려고 노력했지만, 아직까지는 모두 실패했어요. 지금으로써는 지진에 빠르게 대응하는 방법밖에 없답니다. 그래서 몇 초라도 빨리 지진 경보를 울릴 수 있는 방법들이 나오고 있어요.

지진 조기 경보 시스템

원리: 지진이 일어나면 P파와 S파가 나와요. 수평으로 전달되는 P파와 달리, S파는 아래위로 진동이 커서 큰 피해를 일으켜요. 또한 P파는 S파보다 빠르게 이동하지요. 이 원리를 이용해 속도가 빠른 P파를 먼저 알아내서 큰 피해를 막으려는 거예요.

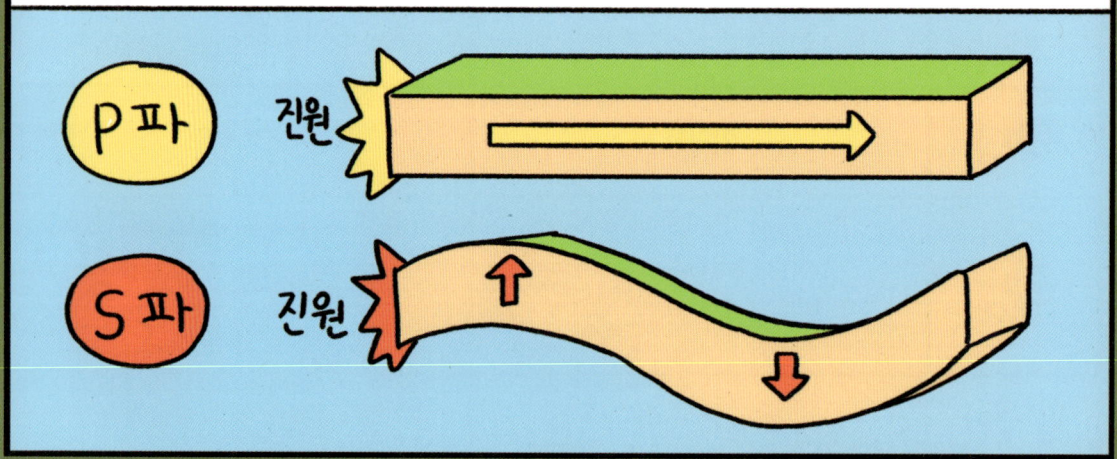

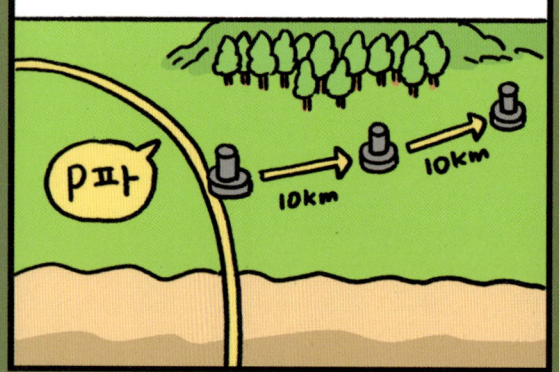

1. 약 10킬로미터 간격으로 지진의 진동을 기록하는 지진계를 설치해서 P파를 관측해요. 만약 P파를 알아차리면 통제 센터에 바로 경보가 울린답니다.

2. 국가 재난 관리 기관이 지진이 일어났다는 소식을 전국에 알려요. 바로 뒤이어 올 S파에 재빨리 대비하는 거예요.

지진은 지층이 지구 내부의 힘을 받아 흔들리거나 끊어지는 현상이에요. 화산이 분출하거나 운석이 떨어지거나 산사태가 일어날 때도 지진이 일어날 수 있어요.

으아, 침착하자! 흔들림이 멈추면 대피하랬으니까 조금만……

진앙
진원의 바로 위 지표면이에요. 지진이 일어나면 여기가 가장 크게 흔들려요.

진앙을 중심으로 진동이 퍼져 나가요.

진원
지진이 처음 시작되는 곳이에요.

 역대급 지진은 언제?

지진 관측 역사상 가장 강력했던 지진은 1960년 칠레 지진이에요. 바닷가에 25미터 높이의 쓰나미가 밀려들 정도로 강력했다고 해요. 규모 9.5의 지진이었지요. '규모'는 지진의 세기를 나타내요. 이 숫자가 클수록 강한 지진이에요. 우리나라 역대 가장 강력한 지진은 2016년 경주에서 일어난 규모 5.8의 지진이에요.

 물의 순환

진짜로 비를 만들 수 있을까?

심각한 미세 먼지를 씻어 내리게 하려고 과학자들이 비를 만드는 실험을 하고 있어요. 바로 '인공 강우'를 만드는 실험이죠! 이렇게 비를 인공적으로 만드는 건 없는 물을 어디서 가지고 오는 게 아니에요. 구름은 물의 기체 상태인 수증기를 머금고 있잖아요? 이 구름을 쥐어짜서 비를 내리게 만드는 방식이에요.

인공 강우는 어떻게 만들까?

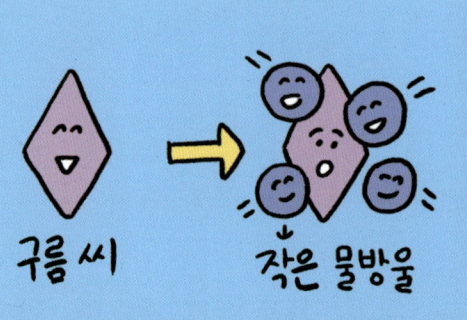

그런데 이런 기술이 우리에게 꼭 좋은 것만은 아니랍니다. 아직 비가 내릴 만큼 여물지 않은 구름을 쥐어짜 한쪽에 비를 내리면, 다른 지역은 가뭄에 시달릴 수 있거든요. 게다가 구름에 뿌리는 화학 물질이 지구를 오염시킬 수도 있어요.

물의 순환은 자연에서 물이 돌고 도는 과정을 말해요. 물은 끊임없이 돌고 돌지만, 전체 물의 양은 변하지 않는답니다.

물의 순환 과정

땅과 바다에서 증발한 수증기는 응결해서 구름이 돼요.

구름은 다시 땅과 바다로 비나 눈을 내리지요.

수증기로도 물이 순환하네!

물은 눈처럼 얼음으로도 순환해!

땅에서 하천과 강에 모인 물은 바다로 나가고요.

지구의 물 중 우리가 쓸 수 있는 건 겨우……

0.0075퍼센트밖에 안 돼요! 지구에 있는 물 중 약 97퍼센트는 바닷물이에요. 소금기가 있어서 우리가 먹고 쓸 수 없지요. 게다가 바닷물을 뺀 나머지 물도 대부분은 빙하의 형태로 얼어 있거나 지하수로 저장되어 있어서 우리가 쓰기 어렵답니다.

날씨 | 일기 예보는 왜 틀릴까?

온도와 습도, 기압, 바람 등 여러 요소들이 복잡하게 얽혀서 날씨를 만들기 때문이에요. 아주 작은 변화로도 날씨가 크게 달라질 수 있어요. 우리나라는 삼면이 바다로 둘러싸여 있기 때문에 바다의 영향도 많이 받지요. 최근에는 북극 기온이 오르는 등 전 지구적으로 기후 변화가 일어나면서 이에 따른 영향도 받게 되었어요. 그래서 일기 예보는 100퍼센트 맞히기 어렵고, 조금씩 틀릴 수 있지요.

날씨는 맑거나 비가 오거나, 덥거나 춥거나 하는 등 그날그날의 대기 상태를 말해요. 맑으면 나들이를 즐기고, 추우면 옷을 껴입는 것처럼 날씨는 우리 생활과 아주 밀접하지요. 우리는 기온, 구름의 양, 바람의 세기, 강수량 등으로 날씨를 알 수 있답니다.

날씨의 주요 요소

기온
공기의 온도를 말해요.
차고 따뜻한 정도를 알 수 있죠.

구름의 양
구름이 많으면 흐리고
구름이 없으면 맑아요.

바람의 세기
바람은 공기가 이동하는
것이에요. 공기 이동이 많으면
바람의 세기가 세게 느껴지지요.

강수량
비와 눈, 우박, 이슬, 서리, 안개
등 땅에 떨어지는 모든 물의 양을
합친 것이에요.

 기상 정보를 전해 주는 인공위성

우리나라의 일기 예보가 더 정확해지고 있어요. 기상 인공위성이 3만 6000킬로미터 상공에서 기상 상황을 실시간으로 관측하게 됐거든요. 한국의 기상 인공위성은 두 기예요. 2018년에 발사한 '천리안 2A호'와 2020년에 발사한 '천리안 2B호'이지요. 이들 인공위성으로 여름철 태풍의 움직임뿐 아니라 미세 먼지도 관측할 수 있답니다.

# 습기 제거제는 어떻게 그렇게 물을 먹지?

여름철에 옷장이나 신발장 안에 넣어 두는 습기 제거제! 처음에는 알갱이만 들어 있었는데, 지나고 보면 물이 차올라 있지요? 그건 물을 먹는 특수한 화학 물질이 들어 있기 때문이에요. 바로 '염화 칼슘'이죠! 염화 칼슘이 기체 상태의 수증기를 빨아들이는 거랍니다! 덕분에 옷장 속 옷들이 눅눅해지지 않을 수 있죠. 이렇게 물을 먹는 물질은 염화 칼슘 외에도 다양해요.

옷장 속 습기 제거제에 있는 염화 칼슘은 자기 무게만큼의 물을 빨아들인대!

음, 바삭바삭해!! 여기 든 투명한 알갱이 때문인가?

조미김 안에 들어 있는 투명한 알갱이는 바로 **실리카 젤**이라는 건조제예요. 이 물질이 습기를 잘 빨아들여서 김이 눅눅해지지 않죠.

습기 먹은 신문지는 쭈글쭈글해져.

습기를 잘 먹는 천연 물질들도 있어요. 바로 숯과 신문지예요!

습도는 공기 중에 있는 수증기의 양이에요. 수증기 양이 많으면 '습도가 높다'고 하고, 수증기 양이 적으면 '습도가 낮다'라고 하죠. 온도계를 이용해 온도를 재듯이, 습도계를 이용하면 습도를 잴 수 있어요. 습도는 보통 퍼센트(%)로 나타내는데, 그 숫자가 크면 공기 중에 수증기 양이 많은 거예요. 일상생활에 알맞은 습도는 30퍼센트에서 60퍼센트예요.

습도가 높을 때

습도가 낮을 때

🐘 여름은 습하고 겨울은 건조한 이유는?

우리나라는 여름에는 습도가 높고 겨울에는 습도가 낮아요. 그 이유는 계절마다 영향을 주는 공기 덩어리가 다르기 때문이에요. 여름에는 남동쪽에서 오는 공기 덩어리인 북태평양 기단의 영향으로 덥고 습해요. 겨울에는 북서쪽에서 오는 공기 덩어리인 시베리아 기단의 영향으로 춥고 건조하답니다.

이슬과 안개

해가 뜨면 안개가 사라진다?

네, 밤사이 짙게 깔려 있던 안개는 해가 뜨면 스르르 사라져요. 안개는 밤에 기온이 떨어져서 땅 주변의 공기가 차가워지면 공기 중에 있던 수증기가 작은 물방울로 변해서 생겨요. 그런데 해가 뜨고 기온이 오르면 다시 수증기로 변해 흩어지면서 눈에 보이지 않게 된답니다. 단, 육지에 생기는 안개만 그래요. 바다에 생기는 안개는 수분이 늘 공급돼서 온종일 피어날 수 있어요.

> 해가 뜨니까 서서히 안개가 사라진다! 안개는 어디로 간 거지?

> 안개는 사라진 게 아니야. 단지 눈에 보이지 않을 뿐이지. 수증기로 변신해서 여기 어딘가에 있다고!

이슬과 안개는 둘 다 공기 중 수증기가 물방울로 맺히면서 생기는 거예요. 이렇게 수증기가 차가워져 물방울로 변하는 것을 '응결'이라고 하죠. 이슬은 밤새 차가워진 풀이나 나뭇잎 표면 등에 수증기가 응결하는 거고, 안개는 밤에 땅 가까이 공기가 차가워져서 수증기가 작은 물방울로 응결하는 거예요. '구름' 또한 공기 중 수증기의 응결로 만들어져요. 반면에 '서리'는 수증기가 얼음으로 변해서 생겨요. 이렇게 기체에서 곧장 고체로 변하는 것을 '승화'라고 하지요.

이슬
물체 표면에 물방울로 맺혀요.

안개
땅 가까이에 떠 있어요.

서리
물체 표면에 얼어붙어 있어요.

구름
하늘 높이 떠 있어요.

서리가 만들어 낸 얼음꽃

늦가을이나 초겨울 산에 오르면 눈이 내린 적이 없는데도 나무에 하얀 눈처럼 얼음꽃이 핀 걸 볼 수 있어요. 이 얼음꽃을 '상고대'라고 불러요. '나무나 풀에 내려 눈처럼 된 서리'라는 뜻의 순우리말이랍니다. 상고대는 기온이 영하로 떨어지고 습도가 높을 때 만들어져요.

구름과 눈과 비

구름 색깔이 왜 다 다를까?

새하얀 구름, 회색 구름, 시커먼 구름, 무지갯빛 구름…… 구름의 색은 보통 두께에 따라 달라요. 작은 물방울로 이루어진 얇은 구름은 빛을 사방으로 흐트러뜨리거든요? 이걸 '산란'이라고 하는데요. 이렇게 되면 우리 눈에는 흰색으로 보인답니다. 반대로 큰 물방울로 된 두꺼운 구름은 빛을 흡수해서 시커멓게 보이는 거예요. 마치 빛이 통과하지 못한 그림자처럼 말이죠.

색깔별 모양별 높이별 구름의 종류!

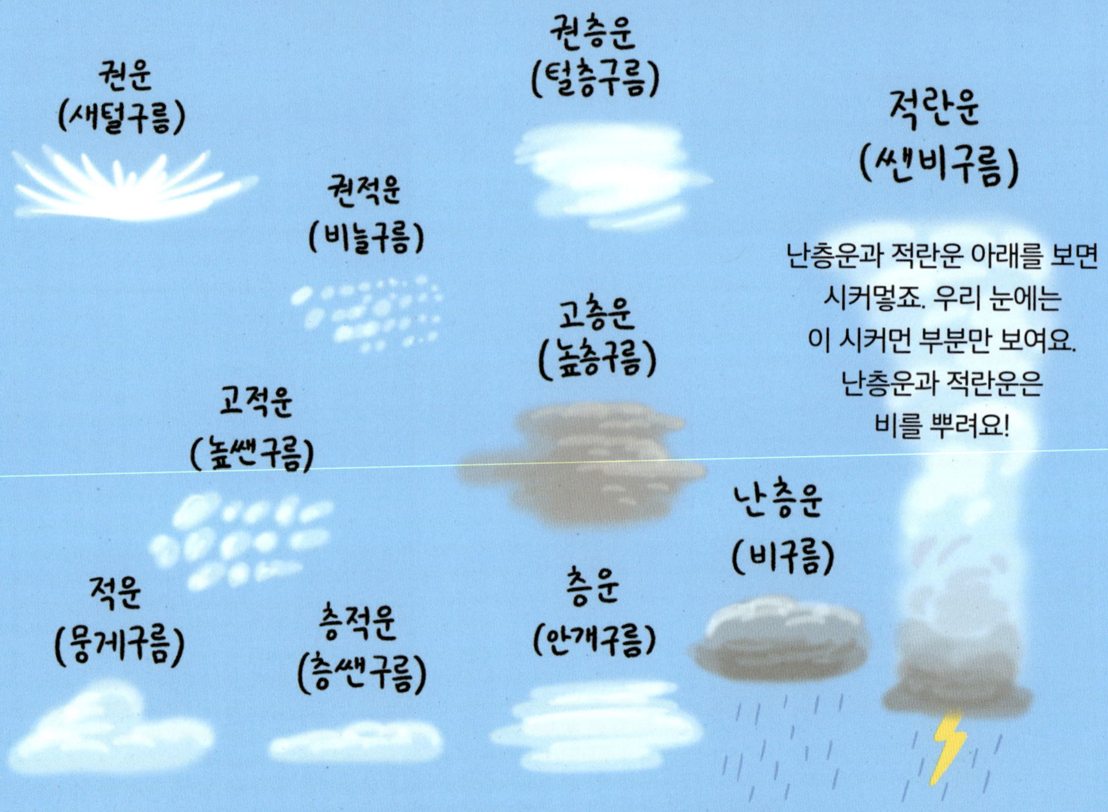

- 권운 (새털구름)
- 권층운 (털층구름)
- 적란운 (쎈비구름)
- 권적운 (비늘구름)
- 고층운 (높층구름)
- 고적운 (높쎈구름)
- 난층운 (비구름)
- 적운 (뭉게구름)
- 층적운 (층쎈구름)
- 층운 (안개구름)

난층운과 적란운 아래를 보면 시커멓죠. 우리 눈에는 이 시커먼 부분만 보여요. 난층운과 적란운은 비를 뿌려요!

구름 이름은 각각 여러 가지야. 괄호 안의 이름은 구름 모양이나 성격을 보고 지은 거지.

'난층운'보다 '비구름'이 더 좋은데? 비를 몰고 온다고 비구름이라니, 구름 성격이 딱 보이잖아!

구름은 대기 중의 수증기와 물방울, 얼음 알갱이가 모여서 하늘에 떠 있는 것이에요. **눈**과 **비**는 구름 속 물방울과 얼음 알갱이가 무거워져 떨어지는 거예요. 이때 기온이 높으면 비로, 기온이 낮으면 눈으로 떨어지지요.

구름, 눈, 비는 어떻게 만들어질까?

1. 수증기를 잔뜩 머금은 공기가 하늘 높이 올라가 커지면서 구름이 돼요. ➡ 2. 구름의 부피가 커지고 구름 위쪽에 얼음 알갱이가 생겨요. ➡ 3. 구름 속 물방울과 얼음 알갱이가 합쳐져 땅으로 떨어져요.

기온이 높아서 비!

기온이 낮으면 눈!

 구름의 모양을 보고 날씨를 알 수 있다

권운(새털구름)은 날씨가 맑았다가 흐려지기 시작할 때 나타나요. 권운이 보이면 '곧 날이 흐려지겠군!' 하고 알 수 있죠. 권적운(비늘구름)은 비가 오기 전에 나타나요. 권적운이 보이면 우산을 준비해야겠죠? 그리고 검은 회색의 두꺼운 난층운(비구름)은 비나 눈이 오래 내린다는 걸 보여 준답니다.

고기압과 저기압

기분이 좋지 않은 사람에게 왜 '저기압'이라고 할까?

저기압은 일기 예보에서 나오는 말이에요. 주변의 다른 곳보다 기압이 낮은 곳이지요. 저기압에서는 날씨가 흐리고, 비가 내리는 일이 잦아요. 날씨가 우중충한 것처럼 마음이 우중충하다는 뜻에서 기분이 좋지 않은 상태를 저기압에 비유하는 것이겠지요?

기압은 공기의 무게 때문에 생기는 압력이에요. 공기가 무거워서 누르는 힘이 세면 **고기압**, 공기가 가벼워서 누르는 힘이 약하면 **저기압**이라고 하죠. 공기는 많은 곳에서 적은 곳으로 움직이기 때문에 고기압에서 저기압으로 움직여요. 이렇게 기압의 차로 공기 덩어리가 이동하는 걸 '바람'이라고 한답니다.

온도가 낮아지면 공기가 무거워져 아래로 내려와요. 그럼 공기가 많아져서 기압이 높아져요.

온도가 올라가면 공기가 가벼워져 위로 올라가요. 그럼 공기가 적어져서 기압이 낮아지죠.

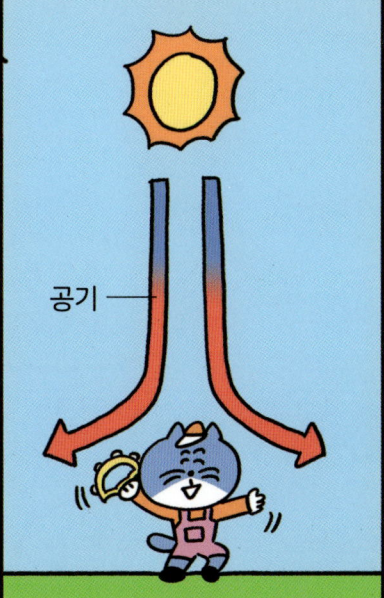

고기압

공기

위에 있던 공기가 내려오면서 따뜻해지기 때문에 수증기가 증발해요. 그래서 맑은 날씨가 나타나지요.

저기압

공기

위로 올라간 공기는 응결하면서 구름이 만들어져요. 그래서 저기압일 때는 흐리고 비나 눈이 내리지요.

 태풍의 정체는 '열대 저기압'

매년 여름 우리나라를 찾아오는 태풍은 적도 부근의 열대 바다에서 생겨난 저기압이 우리나라 쪽으로 이동해서 생기는 거예요. 저기압은 공기가 위로 올라간다고 했죠? 태풍은 따뜻한 바다를 지나면서 수증기를 마구 빨아들여 구름을 커다랗게 만들어요. 이렇게 커진 태풍은 초속 17미터가 넘는 속도로 빠르게 폭풍우를 몰고 오지요.

해풍과 육풍

바람 이름이 여러 가지던데, 어떻게 지은 거지?

바람은 엄청나게 이름이 많지요! 그중에서 가장 흔하게 쓰는, 방향을 나타내는 바람 이름을 한번 볼까요? 동쪽에서 오면 동풍, 서쪽에서 오면 서풍……. 이렇게 이름에 방향이 담겨 있어요. 혹시 서풍을 나타내는 화살표→ 끝을 보고 '어? 동쪽으로 가네? 그럼 동풍이겠다!' 하면 안 돼요. 방향을 나타내는 바람 이름은 모두 '어디에서 왔느냐!'에 달려 있으니까요!

해풍은 바다에서 육지로 불어오는 바람을, **육풍**은 육지에서 바다로 부는 바람을 말해요. 해풍과 육풍 이름도 모두 바람이 어디에서 왔느냐에 따라 지어졌어요. 바다에서 오니까 '바다 해(海)' 자를 써서 해풍, 육지에서 오니까 육풍이라고 부르죠. 맑은 날 바닷가에서는 낮이냐 밤이냐에 따라 바람 방향이 다르답니다.

바람은 바닷가에서 어떻게 불까?

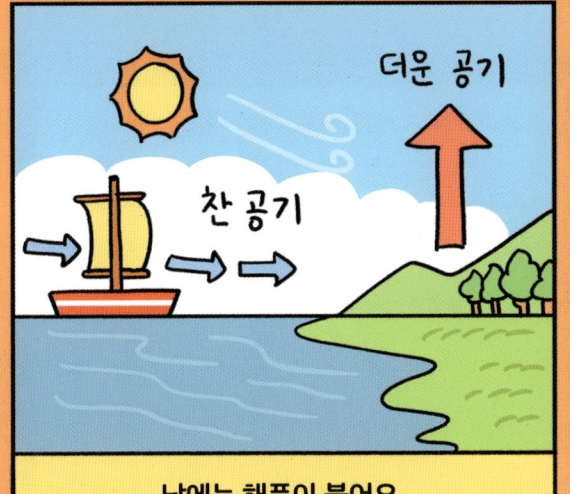

낮에는 해풍이 불어요.
햇볕이 따뜻한 낮에는 육지가 바다보다 더 빨리 데워져요. 육지의 가벼워진 공기가 위로 올라가서 바다로부터 바람이 불어오지요.

밤에는 육풍이 불어요.
해가 지고 난 밤에는 바닷물이 육지보다 천천히 식어요. 그래서 따뜻한 바다 공기가 위로 올라가고 육지로부터 바람이 불어오지요.

음, 낮에는 바다가 고기압이고 육지가 저기압이라서 해풍이 부는 거 맞지?

오, 머냥이 제대로네! 맞아, 앞에서 배운 대로 바람은 고기압에서 저기압으로 부니까!

 계절에 따라서도 바람 방향이 다르다

여름에는 남동풍이 불고, 겨울에는 북서풍이 불어요. 이렇게 계절에 따라 부는 바람을 '계절풍'이라고 해요. 여름에는 남동쪽 바다에서 따뜻하고 습한 공기 덩어리가 몰려와요. 겨울에는 북서쪽 대륙에서 차갑고 건조한 공기 덩어리가 몰려온답니다. 이런 공기 덩어리의 흐름 때문에 계절풍이 생기는 거예요.

우주가 풍선처럼 커진다고?

풍선에 점을 여러 개 찍고 크게 불면 점들이 서로 멀어지는 것처럼, 우주가 점점 커지면서 별과 별, 은하와 은하 사이도 점점 멀어지고 있어요. 은하는 수많은 별이 모인 무리를 말하죠. 우리가 살고 있는 태양계를 포함한 은하를 '우리 은하'라고 하고요. 지금 이 순간에도 팽창하는 우주, 실험으로 살펴볼까요?

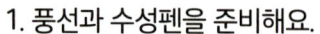

실험! 우주 팽창

1. 풍선과 수성펜을 준비해요.

2. 풍선에 수성펜으로 작은 점들을 원하는 곳에 여러 개 찍어요.

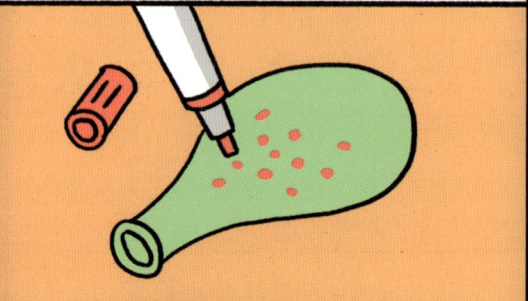

3. 풍선을 불어요.

4. 처음에 찍은 점들의 위치가 어떻게 바뀌었는지 관찰해요.

이 풍선의 한 점을 중심으로 다른 점들을 보면?

다른 점들이 점점 멀어지는 걸로 보여!

풍선을 팽창하는 우주, 점들을 은하라고 보면?

우리 은하에서 다른 은하들이 멀어지고 있어!

우주는 이 세상에 있는 모든 물질과 공간, 시간을 포함하고 있는 공간이에요. 이 안에는 우리가 사는 지구와 태양계, 멀리 떨어져 있는 은하와 블랙홀, 수많은 별이 모두 포함되죠. 우주는 어떻게 태어났을까요? 과학자들 사이에서 가장 널리 받아들여지는 이론은 바로 '빅뱅설'이에요. 빅뱅(Big bang)은 우리말로 하면 '꽝!' '뻥!' 하는 뜻이에요.

약 138억 년 전 빅뱅이라고 불리는 거대한 폭발 속에서 우주가 태어났어.

그 짧은 순간 동안 현재 우주의 절반 정도 공간이 만들어졌대. 엄청난데?

 세계에서 처음으로 우주에 나간 사람
최초의 우주 비행사는 1961년 옛 소련의 공군 대위였던 유리 가가린이에요. 그는 보스토크 1호를 타고 1시간 29분 동안 우주 비행에 성공했지요. 우주에서 지구를 바라본 가가린은 "우주는 검고 지구는 푸르다."라는 말을 남겼답니다.

달에서 본 지구는 어떤 모습일까?

지구는 둥근 공 모양이죠? 그런데 달에서 보면 지구는 날마다 모습이 달라져요. 눈썹처럼 얇아졌다가 공처럼 커지기를 여러 번 반복한답니다. 왜 그럴까요? 지구에서 본 달 모양을 떠올리면 이해하기 쉬워요. 달은 원래 둥그렇죠. 그런데 우리 눈에 달의 모양은 초승달, 반달, 보름달로 변해 보여요. 그건 지구랑 달이 둘 다 스스로 빛나지 않아서, 태양 빛을 받아 밝은 부분만 볼 수 있기 때문이지요. 태양과 지구와 달의 위치가 달라지면 태양 빛을 받는 부분이 달라지고요. 그래서 때마다 모양이 다르게 보이는 거예요.

달은 지구의 주위를 도는 단 하나뿐인 위성이에요. '위성'은 행성의 둘레를 도는 천체를 뜻하죠. 달은 지구처럼 둥글고, 달의 표면에는 크고 작은 충돌 구덩이가 많아요. 과학자들은 달의 밝은 부분을 '달의 육지', 어두운 부분을 '달의 바다'라고 불러요. 그런데 달의 바다에는 물이 없답니다.

반지름이 약 1740킬로미터로 **지구의 4분의 1** 정도로 작아요.

생명체가 살지 않아 표면이 **회색빛**이에요.

물이 거의 없어요.

화산 활동이 일어나는 데다 소행성이나 운석 충돌이 잦아서 **표면이 울퉁불퉁해요.**

대기가 없어요. 날씨 같은 기상 현상이 일어나지 않아요. 낮에는 130도까지 뜨거워졌다가 밤에는 영하 170도까지 추워지지요.

> 사실 우리가 진짜 달에 사는 건 아니야.
> 달에는 생명체가 없단다.

🐻 달의 옥토끼는 화산에서 태어났다!

보름달을 보면 마치 떡방아를 찧고 있는 옥토끼가 있는 것만 같아요. 옥토끼는 사실 달의 어두운 부분인 '달의 바다'예요. 달의 바다는 화산 활동으로 현무암질 용암이 넓게 펼쳐져 있어서 어둡게 보인답니다. 그러니까 옥토끼가 화산에서 태어났다고 볼 수 있겠죠?

 태양

태양에 원자 폭탄을 던지면 어떻게 될까?

어마어마한 불꽃을 터뜨리며 눈부신 광선이 퍼져 나올 것 같나요? 그런데 사실은 산불에 성냥개비 하나를 던지는 것처럼 거의 아무 일도 일어나지 않는답니다. 태양은 원자 폭탄과도 비교할 수 없을 만큼 엄청난 에너지를 뿜어내거든요. 그리고 원자 폭탄이 터지려면 산소가 있어야 하는데, 태양은 주로 수소로 이뤄져 있어서 폭탄이 제대로 터지지 않을 가능성도 높아요.

태양은 지구에서 약 1억 5000만 킬로미터 떨어진 별이에요. 태양은 지구의 모든 생물이 살아갈 수 있도록 빛과 열, 에너지를 준답니다. 만약 태양이 불타오르지 않는다면 지구는 꽁꽁 얼어붙어서 아무도 살 수 없을 거예요.

태양이 영원하지 않다?

과학자들은 태양이 앞으로 약 50억 년 동안 지금처럼 불타오를 거라고 예상해요. 그렇지만 이후에 태양 중심부에 있는 수소의 반 이상이 헬륨으로 바뀐다면, 태양은 점점 빛을 잃으면서 늙은 별(적색 거성)이 될 거래요. 이 늙은 태양은 먼 훗날 거대한 폭발을 일으키며 우주로 사라지고요.

태양계에는 별이 몇 개 있을까?

우리 지구가 있는 태양계에는 별이 딱 하나 있어요! 바로 태양이죠! 흔히 하늘에서 밝게 빛나는 걸 모두 별이라고 부르지만, 정확하게 '별'의 뜻은 '스스로 빛을 내는 천체'를 뜻해요. 이를 '항성'이라고도 부른답니다. 지구를 비롯해 다른 행성들은 스스로 빛을 내지 못해요. 태양 빛을 반사해서 빛을 내지요.

와, 엄청 큰 별을 찾았다!

그건 별이 아니라, 금성이야. 행성이지.

별이나 행성이나…… 차이가 뭔데?

별은 스스로 빛을 내고 행성은 빛을 못 내.

뭐야, 저렇게 빛을 내는데?

저건 태양 빛을 반사한 거라고!

아하!

태양계는 태양이 영향을 미치는 공간과 그 공간에 있는 천체들을 뜻해요. 태양계에는 가장 중심에 있는 태양과 그 주위를 돌고 있는 행성, 소행성, 위성 등이 있지요. 태양계의 행성은 수성과 금성, 지구, 화성, 목성, 토성, 천왕성, 해왕성, 이렇게 8개예요. 행성 주위에는 위성이 돌고 있어요. 화성과 목성 사이에는 수많은 소행성들이 있답니다.

> 태양계에 위성은 얼마나 있을까?
>
> 태양계에서 행성을 도는 위성은 총 166개나 있어요. 목성의 위성이 67개로 가장 많고, 수성과 금성은 위성이 없어요. 지구의 위성은 달 딱 하나예요. 이 위성의 숫자는 현재까지 발견된 것일 뿐이에요. 또 언제 새로운 위성이 발견될지 모르죠!

행성들은 왜 서로 부딪히지 않을까?

행성들은 모두 한 방향으로 태양 주위를 돌아요. 각 행성들은 태양으로부터 떨어진 거리가 다르답니다. 또 태양 주위를 한 바퀴 도는 데 걸리는 시간도 달라요. 이렇게 각각 일정한 궤도에서 태양 주위를 돌기 때문에 행성끼리 부딪치지 않지요.

태양계를 위에서 내려다본다면?

행성들은 모두 시계 반대 방향으로 돌고 있어.

태양에서 가까운 행성일수록 도는 속도가 빨라요.

지구 / 금성 / 목성 / 수성 / 화성

태양계 밖에도 행성이 있다

우주에는 수많은 항성(별)이 있고 각각 그 주변을 도는 행성들이 있어요. 나사(NASA)에서는 '행성 사냥꾼'이라 불리는 케플러 우주 망원경을 띄워 9년 8개월 동안 항성 53만 506개와 행성 2662개를 찾았어요. 먼저 항성을 찾은 다음, 그 주변을 도는 행성을 찾았다고 해요!

행성은 항성의 주위를 도는 천체예요. 태양계에서 수성과 금성, 지구와 화성은 암석으로 이뤄진 '지구형 행성'이에요. 목성과 토성, 천왕성, 해왕성은 가스로 이뤄진 '목성형 행성'이지요.

태양계의 행성들

		수성	금성	지구	화성
지구형 행성	생김새*				
	크기**	0.4	0.9	1	0.5
	태양과의 거리***	0.4	0.7	1	1.5
	특징	대기가 없어서 낮과 밤의 온도 차가 커요.	지구에서 볼 때 밝게 빛나서 '샛별'이라고도 불러요.	행성 중 유일하게 생명체가 살아요.	화산과 골짜기, 물이 흐른 흔적이 있어요.

		목성	토성	천왕성	해왕성
목성형 행성	생김새*				
	크기**	11.2	9.4	4.0	3.9
	태양과의 거리***	5.2	9.6	19.1	30
	특징	위성이 가장 많아요.	여러 개의 고리와 위성이 있어요.	여러 개의 고리가 있지만 아주 희미해요.	여러 개의 고리가 있지만 아주 희미해요.

*각 행성 사진은 상대적인 크기를 반영하지 않았어요.
**크기는 실제 수치가 아닌, 지구를 1로 기준 삼았을 때의 상대적인 수치예요.
***태양과의 거리는 지구와 태양 사이의 거리를 1로 기준 삼았을 때의 상대적인 수치예요.

별과 별자리

북두칠성은 원래 국자 모양으로 짠 태어났을까?

아니에요! 북두칠성을 이루는 일곱 개의 별들은 각자 다른 순간에 탄생해 다른 일생을 살아가고 있어요. 서로 아주아주 멀리 떨어져 있고요. 다른 별자리도 모두 마찬가지예요! 그런데도 하나의 별자리로 묶인 이유는 사람들이 지구에서 보기에 크기와 밝기가 비슷한 별들끼리 이었기 때문이에요. 사람들은 별자리를 만들어 옛이야기를 담고, 별자리를 이용해 별들의 위치를 쉽게 찾기도 한답니다.

국자랑 비슷하게 생기긴 했구나.

북두칠성은 동양에만 있는 별자리예요. '북두'는 '북쪽의 국자'라는 뜻이며, '칠성'은 '일곱 개의 별'을 뜻해요. 이 별들은 큰곰자리에 속해요.

북극성

5배 4배 3배 2배 1배

북두칠성

우리나라에서 북두칠성은 일 년 내내 볼 수 있어!

동양 사람들은 옛날부터 북두칠성을 북극성을 찾는 데 썼어요. 국자의 머리 부분 두 별의 간격을 5배 하면 **북극성**을 쉽게 찾을 수 있거든요.

 방향을 알려 주는 '나침반 별'이 있다

북극성은 다른 별과 달리 거의 움직이지 않는 것처럼 보여요. 그래서 나침반이 없던 옛날에는 북극성을 보고 방향을 찾았지요. 북극성을 바라봤을 때 오른쪽은 동쪽, 왼쪽은 서쪽, 등 뒤쪽은 남쪽을 가리킨답니다.

별은 태양처럼 스스로 빛을 내는 천체예요. 대부분 지구에서 너무 멀리 떨어져 있어서 점이 반짝이는 듯이 작게 보이지요. 또한 낮에는 햇빛이 너무 강해서 보이지 않아요. **별자리**는 하늘의 별들을 이어서 이름을 붙여 놓은 거예요. 별자리의 형태는 거의 바뀌지 않아요.

우리나라에서 잘 보이는 계절별 별자리!

봄_ 사자자리
봄에는 밝은 별이 잘 안 보여요.
그나마 가장 눈에 띄는 게 남쪽 하늘의
사자자리예요.

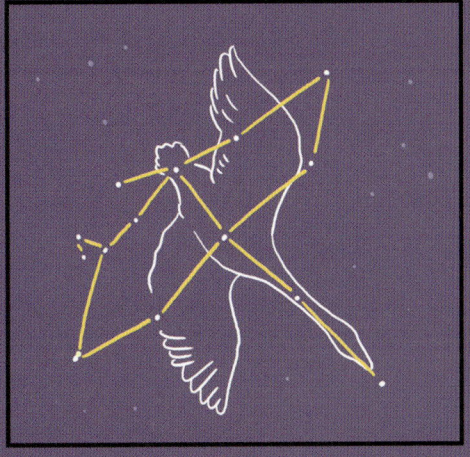

여름_ 백조자리
여름에는 은하수가 북쪽에서 남쪽으로
밤하늘을 가로질러요. 이 은하수가 있는 북쪽
하늘에서 백조자리를 쉽게 찾을 수 있어요.

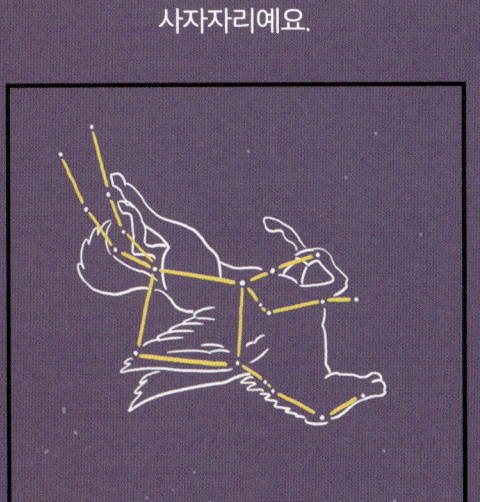

가을_ 페가수스자리
가을도 봄처럼 밝은 별을 거의 찾기 어려워요.
남쪽 하늘에서 커다란 사각형을 찾아 보세요.
이게 바로 페가수스자리랍니다.

겨울_ 오리온자리
겨울에는 밝고 큰 별이 많이 보여요.
남쪽 하늘에 가장 잘 보이는 별자리가 바로
사람 모양을 한 오리온자리예요.

지구의 자전

스스로 도는 지구, 만약 멈춘다면?

엇, 지구가 돌고 있는 것도 눈치 못 챘다고요? 우리는 못 느끼지만 지구는 빠르게 돌고 있답니다. 혼자서도 돌고, 태양 주변을 빙 돌기도 해요. 그런데 지구가 갑자기 스스로 도는 걸 멈춘다면 어떻게 될까요? 모든 생명체가 더는 살기 어려울 거예요.

달리던 버스가 갑자기 멈출 때처럼 많은 생물과 사물이 튕겨 나갈 거예요.

지구가 하루 동안 태양 빛을 고루 받지 못해 낮과 밤이 안 바뀌겠죠.

원심력이 사라져서 적도 지방의 바닷물이 극지방으로 쏠려요. 적도에는 초대형 가뭄이, 극지방에는 초대형 홍수가 일어날 테고요.

어떤 나라는 어둡고 추운 밤이 이어지고, 반대편 나라는 종일 더운 낮이겠지요.

지구가 멈출까 봐 무섭다고? 걱정하지 마. 과학자들이 말하기를, 지구가 혹시 멈추더라도 달이 끌어당기는 힘 때문에 다시 스스로 돌게 될 거래.

지구의 자전은 지구가 약 23.5도 기울어진 자전축을 중심으로 하루에 한 바퀴씩 서쪽에서 동쪽으로 회전하는 거예요. 지구가 자전하기 때문에 태양과 달과 별이 하루 동안 동쪽에서 서쪽으로 움직이는 것처럼 보여요. 낮과 밤이 있는 것도 다 지구의 자전 때문이죠. 지구가 자전하면서 태양 빛을 받으면 낮, 태양 빛을 못 받으면 밤이 되거든요.

다른 행성과 반대 방향으로 자전하는 행성이 있다?

태양계에 속한 행성들은 대부분 지구처럼 반시계 방향으로 자전해요. 그런데 유일하게 금성은 시계 방향으로 자전해요. 그 이유는 금성의 자전축이 다른 행성들과 반대 방향으로 기울었기 때문이에요. 약 177.3도로 기울었죠. 과학자들은 금성이 생겨날 때 소행성이 자주 충돌해서 자전축이 바뀌었다고 추측한답니다.

지구의 공전

해 뜨는 위치가 매일 달라진다고?

해는 매일매일 동쪽에서 뜨니까 황당한 소리로 들릴 수도 있겠네요. 그런데 해는 매일 동쪽에서 뜨기는 하지만 약간씩 그 위치를 옮겨 가요. 지구가 약간 기울어진 채 태양 주위를 빙글빙글 돌기 때문이에요. 태양을 중심으로 지구 위치가 매일 조금씩 달라져서 태양이 뜨는 위치도 조금씩 달라지는 거랍니다.

멍미의 일출 나들이

태양이 뜨는 위치가 계속 남쪽으로 이동하는 건 아니에요. 태양이 뜨는 위치와 시각은 1년을 주기로 변하지요.

지구의 공전은 지구가 태양 주위를 1년에 한 바퀴씩 서쪽에서 동쪽으로 회전하는 것을 말해요. 지구는 자전을 하면서 동시에 태양을 중심으로 공전을 하는 거예요. 공전은 한 천체가 다른 천체의 주위를 주기적으로 회전하는 운동이에요. 지구가 공전하고 있어서 그 위치에 따라 계절이 바뀌고, 별자리가 바뀌고, 태양이 뜨는 위치와 높이가 달라진답니다.

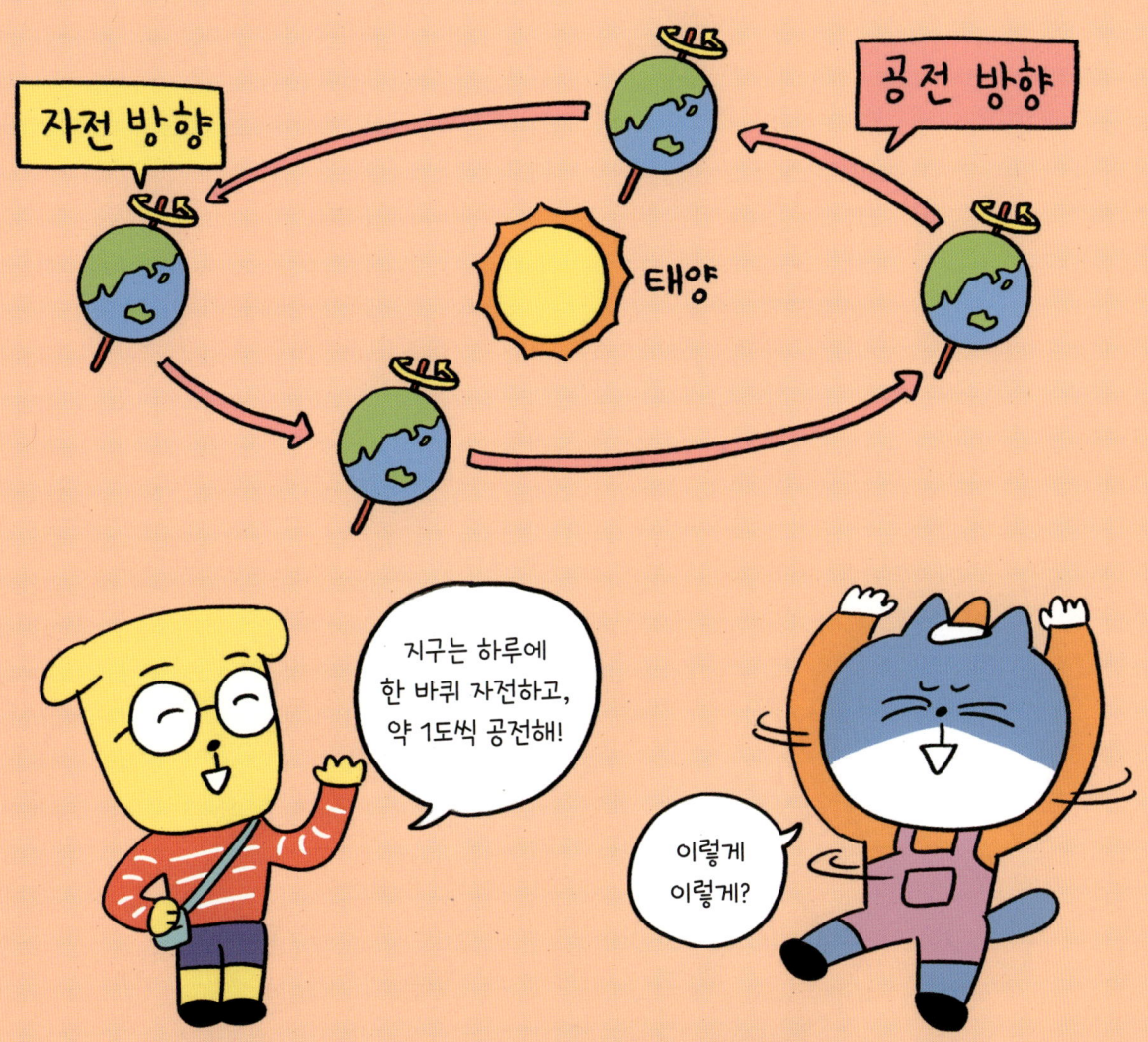

누워서 공전하는 행성, '천왕성'

천왕성은 소행성과 자주 충돌해 다른 행성에 비해 자전축이 많이 기울어져 있어요. 다른 행성들이 약간 비슷히 기울어진 채 돌고 있다면, 자전축이 약 98도인 천왕성은 공전 궤도면을 따라 데굴데굴 앞구르기를 하고 있지요. 그래서 천왕성은 공전 주기(약 84년)의 절반은 북반구만, 나머지 절반은 남반구만 햇빛을 받는답니다.

달의 운동
달을 알면 나도 추리왕!

달의 위치와 모양을 보고 그 때를 추측할 수 있어요. 달은 때마다 모양이 변하고, 보이는 위치도 달라지거든요. 예를 들면, 초저녁에 보름달이 보이면 '아, 음력 15일 무렵이고 동쪽의 모습이구나!' 라는 걸 알 수 있어요. 초저녁에 보름달은 음력 15일쯤 동쪽 하늘에서 보이거든요.

맞는 그림 찾기!
저녁 7시 동쪽 풍경을 맞혀 보세요.

정답은 1번!
저녁 7시면 해가 지고 달이 보이는 초저녁이야. 그때 동쪽에 보이는 달은 보름달이지. 초승달은 서쪽에서 보이니까 2번 그림이 틀렸어! 오른쪽 내용을 보면 더 잘 이해할 수 있을 거야!

달의 운동은 달이 스스로 자전하면서 지구 주위를 공전하는 것을 말해요. 마치 지구가 자전하면서 태양을 공전하는 것처럼 말이지요. 그래서 우리 눈에는 약 30일 주기로 달의 모양과 보이는 위치가 매일 달라 보이는 거예요. 달이 지구 주위를 한 바퀴 도는 데 약 30일이 걸리거든요.

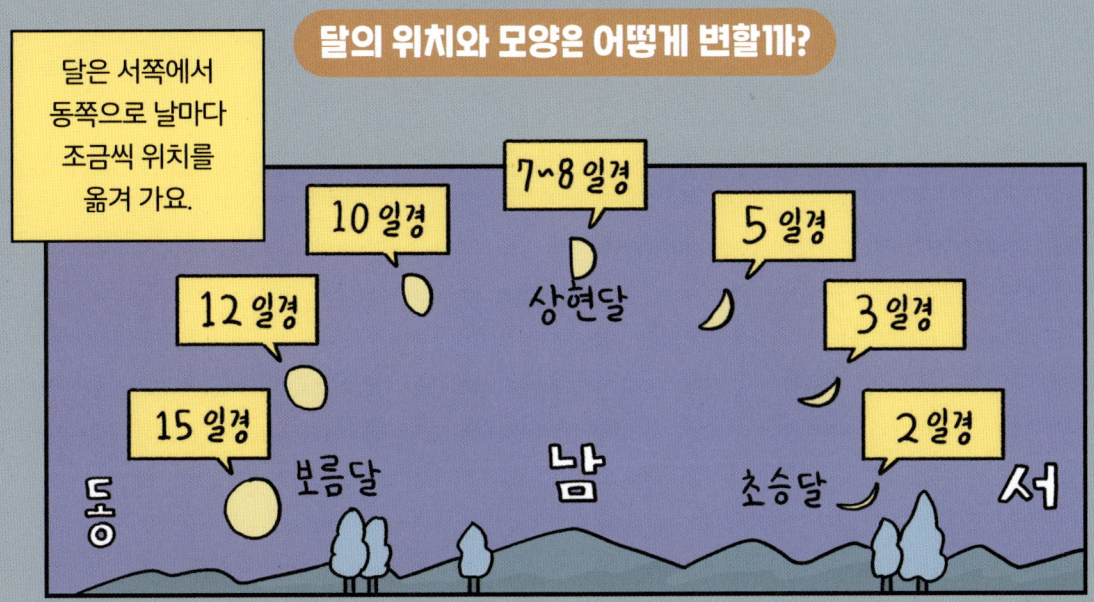

*초저녁에 본 달의 모습이에요. 날짜는 음력 기준이에요.

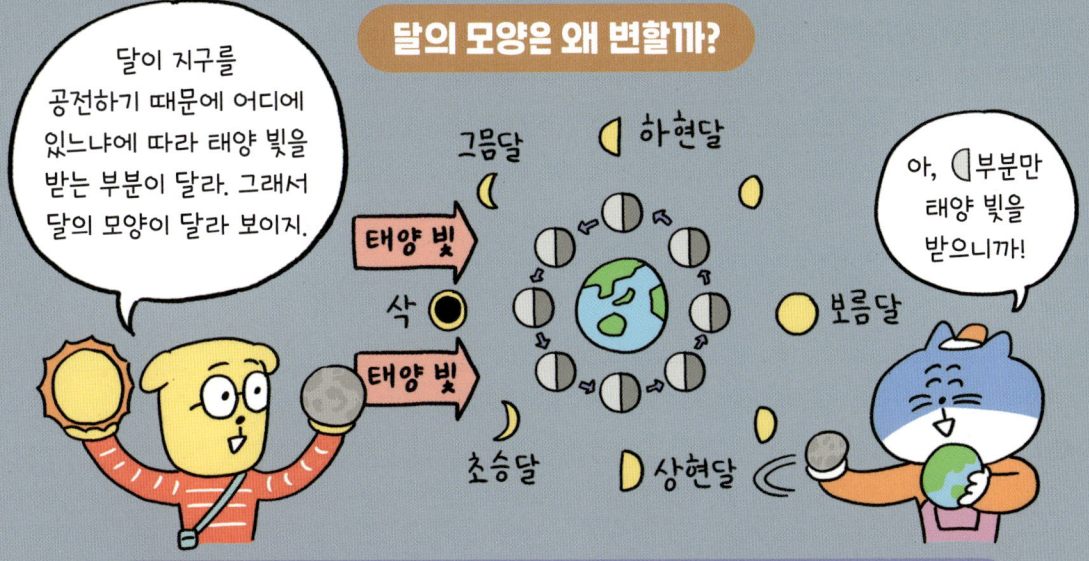

밀물과 썰물은 지구와 달의 힘 때문?

지구와 달은 서로 끌어당겨요. 이 힘은 무척 세서 지구에서 달을 마주 보는 쪽의 바닷물을 끌어모은답니다. 달을 향하지 않는 반대쪽에서는 지구가 자전하면서 생긴 원심력에 의해 바닷물이 몰려요. 즉 이 두 곳에서는 바닷물이 육지로 밀려들고(밀물), 그 외의 곳에서는 빠져나간답니다(썰물). 지구가 자전하면서 밀물과 썰물이 반복되지요.

 **태양 고도**

왜 남향집이 좋다고 할까?

어른들은 새로 집을 구할 때 큰 창이 남쪽 방향인 집이면 좋겠다고들 말해요. 이토록 남향집이 인기가 좋은 건 여름에는 덜 덥고, 겨울에는 덜 춥기 때문이에요. 덥고 추운 기온은 뭐랑 관련이 있죠? 맞아요! 태양 에너지와 관련이 있어요!

남향집의 인기 비결!

태양 고도는 태양이 지표면과 이루는 각이에요. 이 각이 커져서 태양 고도가 높아지면 기온이 높아지고 그림자는 짧아져요. 하루 중 정오 무렵에 태양 고도가 가장 높아요. 이때의 태양 고도를 **남중 고도**라고 한답니다. 태양이 남쪽 정중앙에 떠 있을 때거든요.

계절에 따른 남중 고도

태양 고도

여름
봄, 가을
겨울

이 선을 따라 태양은 하루 동안 동쪽에서 서쪽으로 이동하는 거예요.

남중 고도가 높은 여름이 기온이 가장 높아!

남 / 서 / 동 / 북

겨울밤이 여름밤보다 훨씬 더 긴 이유

겨울에는 남중 고도가 낮아서 여름보다 해가 낮게 뜨기 때문이에요. 햇빛이 비스듬히 비쳐서 날이 춥고, 해가 빨리 져서 밤이 길어지지요. 특히 12월 22일 즈음인 동지는 일 년 중 밤이 가장 길어요. 반면 여름에는 해가 높게 뜨면서 밤이 짧아진답니다. 일 년 중 밤이 가장 짧고 더운 날은 6월 22일 즈음인 하지예요.

계절의 변화

왜 어떤 곳은 계절이 계속 똑같지?

남극과 북극은 일 년 내내 얼음에 뒤덮여 있어서 내내 겨울인 것처럼 보일 수 있어요. 그런데 이들 지역에도 봄, 여름, 가을이 있답니다. 지구가 약간 기울게 자전해서 일 년 내내 햇빛을 비스듬하게 받으니까 늘 추운 것뿐, 계절별로 기온에 차이가 있죠. 남극과 북극의 여름과 겨울에는 아주 신기한 현상이 나타나요. 바로 백야와 극야예요.

북극의 여름은 우리나라 겨울의 기온과 비슷해요.

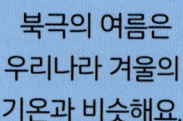

남극은 여름에도 대부분 기온이 영하예요.

백야

여름 동안 밤에도 해가 지지 않아요. '백야'는 '하얀 밤'이라는 뜻이에요.

극야

겨울 동안 낮에도 해가 뜨지 않아요. '극야'는 '극단적으로 긴 밤'이라는 뜻이에요.

백야와 극야가 나타나는 것도 다 지구 자전축이 기울어져 있어서야. 오른쪽 그림을 봐! 태양 쪽으로 기울어지면 계속 낮이고 그 반대편으로 기울면 계속 밤이 되는 거지.

계절의 변화는 지구의 자전축이 23.5도 기울어진 채로 태양을 공전하기 때문에 일어나요. 계절은 태양 에너지를 얼마나 받느냐에 따라서 달라질 수 있거든요. 태양 에너지를 많이 받으면 더운 여름이 되고, 적게 받으면 추운 겨울이 되지요.

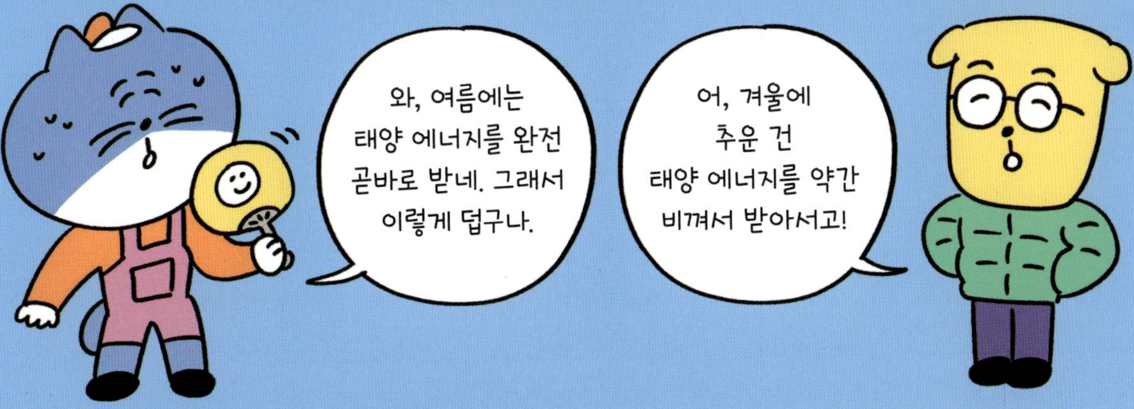

여름
태양의 남중 고도가 높아서 더워요.

겨울
태양의 남중 고도가 낮아서 추워요.

와, 여름에는 태양 에너지를 완전 곧바로 받네. 그래서 이렇게 덥구나.

어, 겨울에 추운 건 태양 에너지를 약간 비껴서 받아서고!

 오스트레일리아는 왜 크리스마스가 한여름일까?

북반구에 있는 우리나라와 반대로, 남반구에 있는 오스트레일리아는 12월이 한여름이에요. 지구의 자전축이 기울어져 있기 때문이지요. 우리나라가 여름에 태양에 가까워질 때, 오스트레일리아는 태양과 멀어져 겨울이 된답니다.

교과 연계표

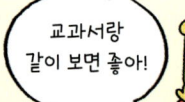
교과서랑 같이 보면 좋아!

 3학년 1학기

단원명	과학 개념 연구소 1권		과학 개념 연구소 2권	
	개념어	쪽수	개념어	쪽수
2. 물질의 성질	물질	14		
3. 동물의 한살이	동물과 식물	54		
	동물의 암수	58		
	곤충의 한살이	62		
	동물의 한살이	56		
4. 자석의 이용			자석	16
			자기력과 자기장	18
5. 지구의 모습			지구	68
			달	104

 3학년 2학기

단원명	과학 개념 연구소 1권		과학 개념 연구소 2권	
	개념어	쪽수	개념어	쪽수
2. 동물의 생활	동물이 사는 곳	60		
	동물의 분류	64		
3. 지표의 변화			흙	70
			침식 작용	72
			퇴적 작용	74
4. 물질의 상태	고체	16		
	액체	18		
	기체	20		
5. 소리의 성질			소리	20
			소리의 세기	22
			소리의 높낮이	24
			소리의 반사	26

 4학년 1학기

단원명	과학 개념 연구소 1권		과학 개념 연구소 2권	
	개념어	쪽수	개념어	쪽수
2. 지층과 화석			지층	76

단원명	과학 개념 연구소 1권		과학 개념 연구소 2권	
	개념어	쪽수	개념어	쪽수
2. 지층과 화석			퇴적암	78
			화석	80
3. 식물의 한살이	식물의 한살이	70		
4. 물체의 무게			무게	28
			중력	30
			수평 잡기	32
5. 혼합물의 분리	혼합물	24		

4학년 2학기

단원명	과학 개념 연구소 1권		과학 개념 연구소 2권	
	개념어	쪽수	개념어	쪽수
1. 식물의 생활	식물이 사는 곳	72		
	식물의 분류	74		
2. 물의 상태 변화	물질의 상태 변화	26		
	증발	28		
	끓음	30		
	응결	32		
3. 그림자와 거울			빛	34
			그림자	36
			빛의 직진	38
			빛의 반사	40
4. 화산과 지진			화산	82
			화성암	84
			지진	86
5. 물의 여행			물의 순환	88

5학년 1학기

단원명	과학 개념 연구소 1권		과학 개념 연구소 2권	
	개념어	쪽수	개념어	쪽수
2. 온도와 열			온도	46
			열의 이동	48
3. 태양계와 별			우주	102
			태양	106
			태양계	108
			행성	110

3. 태양계와 별			별과 별자리	112
4. 용해와 용액	용해	34		
5. 다양한 생물과 우리 생활	종자식물	76		
	포자	78		
	균류	80		
	원생생물	82		
	세균	84		

 5학년 2학기

단원명	과학 개념 연구소 1권		과학 개념 연구소 2권	
	개념어	쪽수	개념어	쪽수
2. 생물과 환경	생태계	86		
	먹이 사슬, 먹이 그물	88		
	생태 피라미드	90		
3. 날씨와 우리 생활			날씨	90
			습도	92
			이슬과 안개	94
			구름과 눈과 비	96
			고기압과 저기압	98
			해풍과 육풍	100
4. 물체의 운동			물체의 운동	50
			속력	52
5. 산과 염기	산	36		
	염기	38		
	지시약	40		

 6학년 1학기

단원명	과학 개념 연구소 1권		과학 개념 연구소 2권	
	개념어	쪽수	개념어	쪽수
2. 지구와 달의 운동			지구의 자전	114
			지구의 공전	116
			달의 운동	118
3. 여러 가지 기체	산소	42		
	이산화 탄소	44		

단원명	개념어	쪽수	개념어	쪽수
4. 식물의 구조와 기능	세포	92		
	뿌리	94		
	줄기	96		
	잎과 광합성	98		
	증산 작용	100		
	꽃	102		
	열매와 씨	104		
5. 빛과 렌즈			빛의 굴절	42
			렌즈	44

6학년 2학기

단원명	과학 개념 연구소 1권		과학 개념 연구소 2권	
	개념어	쪽수	개념어	쪽수
1. 전기의 이용			전기	54
			전류	56
			도체와 부도체	58
			직렬연결과 병렬연결	60
			전자석	62
2. 계절의 변화			태양 고도	120
			계절의 변화	122
3. 연소와 소화	연소	46		
	소화	48		
4. 우리 몸의 구조와 기능	우리 몸	106		
	뼈와 근육	108		
	소화	110		
	호흡	112		
	심장과 혈관	114		
	배설	116		
	자극과 반응	118		
5. 에너지와 생활			에너지	14
			에너지 전환	64

찾아보기

ㄱㄴㄷ순으로 과학 용어를 다 모았어!

ㄱ

가시광선 35
강수량 91
갯벌 74
계절풍 101
고기압 99
고막 22
공전 117
구름 95~97
굴절 42, 43
권운 96, 97
권적운 96, 97
그림자 36, 37, 39
극 17, 19
극야 122
근시 44
금성 108, 109, 111, 115
기압 99
기온 91

ㄴ

나침반 17
난반사 41
난층운 96, 97
날씨 90, 91
남중 고도 121
누전 차단기 57
눈 97

ㄷ

단열 49
달 104, 105, 118, 119
대기 68
대류 49
도체 59

ㄹ

라디오파 35
렌즈 44, 45

ㅁ

마그마 82, 83
마리아나 해구 69
매질 20
목성 109, 111
무게 29
무게 중심 33
무지개 43
밀물 74, 119

ㅂ

바람 99, 100
반도체 59
백두산 82
백야 122
번개 54
별(항성) 108, 112, 113
별자리 112, 113

128

병렬연결 60, 61
복사 49
볼록 렌즈 45
부도체 59
북극성 112
북두칠성 112
비 97
빅뱅설 103
빛 34, 35, 38~43
빛 에너지 15

ㅅ

사암 79
산란 96
삼각주 75
상고대 95
서리 95
석탄 78
석회암 79
섭씨온도 47
성문 21
셰일 79
소리 20~27
소행성 109
속력 53
수력 65
수성 109, 111
수평 잡기 32, 33
스펙트럼 35

습곡 76, 77
습도 93
승화 95
신기루 42
실리카 젤 92
썰물 74, 119

ㅇ

안개 94, 95
암모나이트 80
에너지 14, 15
에너지 전환 65
에베레스트산 69, 76
엑스선(X선) 35
역암 79
열 49
열기구 48
열에너지 15
염화 칼슘 92
오로라 19
오목 렌즈 44, 45
오아시스 73
오존층 68
온도 47
온천 83
용암 83
우주 102, 103
우주 펜 30
운동 50, 51

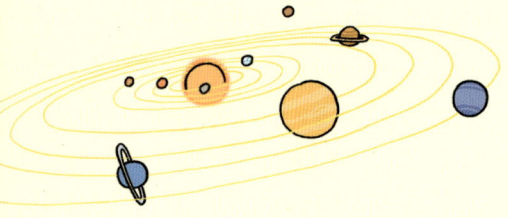

운동 에너지 15
원심력 32
월식 37, 39
위성 105, 109
위치 에너지 14, 15
육풍 101
응결 95
응회암 79
이슬 95
이암 79
인공 강우 88
일식 39

ㅈ

자기력 19
자기장 19
자석 17, 63
자외선 35
자전 114, 115
저기압 98, 99
적란운 96, 97
적외선 35
전기 55
전기 회로 57
전기 에너지 15
전도 49
전류 55, 57
전자석 62, 63
정반사 41

정전기 55
주상절리 85
중력 30, 31
지구 68, 69, 111
지진 86, 87
지층 77
직렬연결 60, 61
진동수 25
진앙 87
진원 87
질량 29

ㅊ

천왕성 109, 111, 117
체온계 46
초음파 27
침식 작용 72, 73

ㅌ

태양 106, 107
태양 고도 121
태양계 108, 109
토성 109, 111
퇴적물 79
퇴적암 79

ㅍ

풍력 65
풍화 작용 71

ㅎ

해왕성 109, 111
해풍 101
행성 110, 111
현무암 84, 85
화강암 85
화력 65
화산 82, 83
화산 가스 83
화산 분출물 83
화산재 82, 83
화산탄 83
화석 80, 81
화성 109, 111
화성암 84
화씨온도 47
흙 71

A~Z

N극 17, 19
P파 86
S극 17, 19
S파 86

교과서를 통째로 삼킨
과학 개념 연구소 ❷ 에너지·지구

1판 1쇄 펴냄—2021년 3월 17일, 1판 2쇄 펴냄—2021년 7월 5일

글쓴이 이정아 **그린이** 나인완 **감수한 이** 노석구 **펴낸이** 박상희 **편집** 김솔미, 전지선 **디자인** 신현수
펴낸곳 ㈜비룡소 **출판등록** 1994. 3. 17.(제16-849호)
주소 06027 서울시 강남구 도산대로1길 62 강남출판문화센터 4층
전화 영업 02)515-2000 팩스 02)515-2007 편집 02)3443-4318,9 **홈페이지** www.bir.co.kr
제품명 어린이용 환양장 도서 **제조자명** ㈜비룡소 **제조국명** 대한민국 **사용연령** 3세 이상
ⓒ 이정아, 나인완, 2021. Printed in Seoul, Korea.

ISBN 978-89-491-5382-7 74400/ 978-89-491-5380-3(세트)

사진 제공
37쪽 ⓒRobert Kixmiller, 41쪽 ⓒAviceda, 73쪽 ⓒoasis, 75쪽 ⓒJjw, 85쪽 화강암 ⓒPIotr Sosnowski, 현무암 ⓒJames St. John, 85쪽 ⓒJames St. John, 95쪽 ⓒRichardfabi, 103쪽 ⓒ Luc Viatour/ https://Lucnix.be

* **전체 사진 출처:** 위키피디아

교과서를 통째로 삼킨
개념 연구소

단 두 권으로
초등 과학 끝!

과학 개념 연구소 시리즈 (전 2권)

1 물질·생명
입으로 분 풍선은 왜 둥실 안 뜨지?
똥은 왜 항상 모양이 다를까?
'이산화 탄소'와 '소화' 등 물질과 생명 분야의
52가지 과학 개념을 익혀요.

2 에너지·지구
윗집에서 뛰는 소리는 왜 크게 들릴까?
달에서 본 지구는 어떤 모습일까?
'소리의 세기'와 '달' 등 에너지와 지구 분야의
54가지 과학 개념을 익혀요.